高职高专"十一五"规划教材
编审委员会

高职高专"十一五"规划教材·财会系列

GAOZHI GAOZHUAN "SHIYIWU" GUIHUA JIAOCAI

电算化会计教程

主　编　袁咏平　谌　君
副主编　谢帮伟　陈三华　陈文刚
主　审　陈元芳

WUHAN UNIVERSITY PRESS

武汉大学出版社

高职高专"十一五"规划教材·财会系列

编 委 会

前　言

随着计算机技术的进一步的发展、电子商务的广泛应用，财务管理软件的应用平台、开发技术和功能体系不断更新，会计电算化的应用水平越来越高，应用范围也越来越广，这对相关从业人员的素质提出了新的要求，对高职相关专业的教学也提出了新的要求。

本教材以用友软件股份有限公司的用友 ERP-U8 管理软件 851 版本为例，主要包括会计信息系统、系统管理、企业门户、总账系统、薪酬核算系统、固定资产系统、UFO 报表系统、应收款管理系统、应付款管理系统等九个方面的理论内容；对主要章节内容有配套的全程系统训练习题，分理解性训练、标准化训练及消化性训练三部分，供学生上机练习、课后练习。

本教材以实际当中的企事业单位的具体业务为内容，分模块进行讲授、练习，让学生掌握每个模块的操作理论与方法，并进行综合练习，让学生从账套建立到凭证处理、账证查询、报表编制，完整地了解整个业务的处理流程，并且分角色模拟，让学生体会不同岗位操作员的具体操作。

本教材由袁咏平（第一章、第九章），谌君（第二章），谢帮伟（第三章），王敏入（第四章），陈三华（第五章），陈文刚（第六章）、王晗璋（第七章），郝玉清（第八章）等合作研制而成。全书由袁咏平、谌君审稿。

本教材在研制过程中，参考了许多文献和成果，得到了用友软件股份有限公司武汉分公司教育培训部的大力支持，在此谨对大家一并表示深深的谢意。

1

由于编者水平有限，书中难免存在疏漏和不妥之处，敬请批评指正。

高职高专"十一五"规划教材

《电算化会计教程》研制组

2008 年 1 月

目 录

2

第七章　UFO 报表系统 90

5

第一章 会计信息系统

会计作为一个以提供财务信息为主的信息系统，长期以来在企业的经营管理中起着重要的作用。同时，现代手工会计在一百多年的发展过程中也逐步形成了一套完整的理论和方法体系。随着计算机技术、网络技术和信息技术的发展，以计算机网络技术和现代信息技术为基础的会计信息系统被引入会计工作并逐步推广和完善。会计信息系统是指由特定的人员、数据处理工具和数据处理规程组成的有机整体，其目的是加工和利用会计信息对经济活动进行控制，满足经营管理的需要。其中规程既包括会计核算方法的规则，也包括各种会计法令、法规和管理制度。会计信息系统可以是人工的，也可以是机械的或计算机的。现代社会的信息量急剧膨胀，人们对信息的依赖程度也随着社会的发展越来越高，利用计算机作为数据处理工具代替人工处理会计信息也就成为必然。

1.1 手工会计信息系统

手工会计是指以手工为主的会计，它是一个手工数据处理系统。在这个系统中起主导作用的是专业会计人员，其中的权威是总会计师。手工会计信息系统的工作方式要点如下：

1. 数据处理方式

手工会计信息系统的数据处理工具是算盘或计算器，计算过程中每运算一次需要重复操作一次。信息的载体是纸张构成的单、证、账、表。纸介质记录的信息转抄困难，这是手工会计记账工作量大的主要原因。但纸介质记录的内容具有很强的证据性，对于会计工作这是一个很重要的优点。

2. 数据处理流程

数据处理流程反映了数据从产生、传递到处理、审核以及存档的整个处理过程。手工数据处理过程为：填制和审核会计凭证→登记账簿→编制会计报表。以上过程称为会计核算组织程序或账务处理程序。由于各单位的经济业务性质、管理方式、规模和业务数量各有不同，为了适应各自单位的特点，产生了科目汇总表、汇总记账凭证等不同的会计核算组织程序，这些核算组织程序的基本区别是登记总账的程序不同。

为了提供详略不同的会计信息，手工会计信息系统设置了总分类账户和明细分类账户。总分类账和明细分类账采用平行登记的方法进行记录。由于明细账记录的是逐笔的业务信息，而总分类账中记录的是相应的合计值，所以总分类账中的信息是非独立的。在手工系统中，总分类账之所以有存在的价值，是因为总账对整个账簿体系起着统驭和控制作用。通过总账与明细账之间的对账以发现记账中的问题，及时加以纠正。这种通过低效率、重复处理来换取处理的正确和可靠是传统会计数据处理流程的一个特点。对于发生的账簿登记错误，手工系统分别采用画线、红字更正、补充登记等留有痕迹的修改方法，以便为日后的查证提供方便。

3. 人员构成和工作组织体制

手工系统中的人员都是专业会计人员，根据会计业务的不同分成一系列的专业组（工作岗位），各专业组（工作岗位）完成会计数据的一部分处理工作。整个会计数据的处理分散在各个专业组（工作岗位）中进行，各专业组（工作岗位）间通过信息资料传递、交换建立联系，形成相互稽核牵制，这样使系统正常运转。

4. 内部控制方式

手工系统对会计凭证的正确性，一般从经济活动的内容、数量、单价、金额、对应科目、记账方向等项目来核对，并通过制单、审核等不同岗位分工来互相促进、互相监督账目的正确性。此外还通过账证核对、账账核对、账实核对来保证数据的正确性。

1.2 计算机会计信息系统

计算机会计信息系统是以电子计算机技术和现代信息技术为基础，以电子计算机及其外部设备为数据处理工具，以互相联系的会计信息及各种会计制度为依据所形成的一个系统。它以人和计算机的有机结合为系统的主体，构成一个人和计算机紧密结合协同工作的人机系统。同时，充分利用计算机快速、准确处理和计算数据的特性，以及运算精度高、数据存储量大、自动控制运行等特性，收集、加工、存储、传输和利用会计信息，让计算机代替人去完成人工难以实现的处理功能，极大地提高了会计信息处理的时效性和空间范围，以满足现代经济管理的需要。我们所说的会计电算化实际是计算机会计信息系统的典型应用，会计电算化是将电子计算机为主的当代电子技术和信息技术应用到会计实务中，并用电子计算机作为工具替代手工记账、算账、报账，实现对会计信息的收集、整理、输出、分析、预测、决策等。计算机会计信息系统的工作方式如下：

1. 数据处理方式

计算机会计系统的数据处理工具是电子计算机。在计算机会计系统中所有会计数据统一由计算机集中化、自动化地进行处理。一般来说，系统规模越大、复杂程度越高，数据的处理就越集中。在数据处理过程中，除数据的输入和必要的操作控制外，系统在程序的统一调度下由计算机快速自动地完成。

计算机会计系统与手工系统一样要从原始凭证中获取会计的原始数据。为了计算机自动处理的需要，计算机会计系统必须对会计原始数据，如记录在各种凭证上的会计数据、资料（如会计科目及其编码等）进行规范化、标准化处理。所有数据均由计算机集中进行处理，而原始数据又必须由人工输入计算机。由于存在人工操作，出现差错在所难免，一旦出现输入错误，将会导致一系列的错误发生，这就是计算机使用中很重要的一条规律："输入的是垃圾，输出的也将是垃圾"。因此在计算机会计系统中必须加强对采集、输入数据的校验，以保证数据的正确性和可靠性。另外，原始数据的输入是数据处理中速度最慢的一环，所以在数据的输入上必须考虑一次输入、多次利用的需要，避免同一数据的多次输入，以提高系统的工作效率。

2. 数据处理流程

计算机会计系统的数据处理流程与手工系统的数据处理流程有相似之处，但具体的处理环节和内容又有其自身的特点。在计算机会计系统中，日常会计数据的处理表现为：人工采集、进行标准化处理并输入计算机，由计算机集中、自动地进行处理，计算机根据使用者的需要自动输出各种会计信息。除输入过程外，数据计算、处理的过程中几乎没有发生错误的可能性。因此在计算机会计系统中没有必要采用平行登记的方式，来源于记账凭证中的数据不再重复处理，统一记录于分类账中集中处理。分类账没有必要区分总分类账和明细分类账，从而调整和取消了由于手工限制而人为增加的诸多重复环节，使数据处理流程更加简捷、合理。

3. 人员构成和工作组织体制

计算机会计信息系统中，除了专业会计人员外，还需要计算机操作人员和维护人员共同进行工作。所有系统内的工作人员都应具有相当的会计和计算机知识。由于许多会计核算工作由计算机自动完成，因此会计工作组织形式将发生较大变化，通常按照数据的处理阶段分工组织。

4. 系统的内部控制

在计算机会计系统中，原来手工系统内部控制制度的基本原则，例如，必须有明确的职责分工，账、钱、物分管等仍然是系统内部控制的基本原则。但具体的控制环节和控制方法则有所不同。由于计算机会计系统控制的具体方式为组织管理控制与计算机程序控制相结合的方式，因此控制的要求更为严格，控制的内容更为广泛。

1.3 计算机会计信息系统的功能结构

一个实用的计算机会计信息系统，通常由若干个子系统（功能模块）组成，每个子系统（功能模块）处理特定部分的信息，各个子系统（功能模块）之间通过信息传递相互支持、相互依存形成一个完整的系统。所谓计算机会计信息系统的功能结构就是指系统由哪些子系统组成，每个子系统完成哪些功能，以及各子系统间的相互关系。

随着企业管理水平的不断提高，对会计信息系统的要求也越来越高。人们开始从企业经营管理的角度来设计会计信息系统，以便实现会计核算和财务管理一体化的目标。会计信息系统也逐渐演进成集业务处理与会计核算一体化的系统。这种系统可以跨部门使用，使企业各种经济活动信息可以充分共享，使企业各个部门可以及时得到业务处理最需要的相关信息，消除了企业各部门的信息"孤岛"现象，从而实现购销存业务与财务的一体化管理，有效控制资金使用和财务风险，提供较充分的分析决策信息。

这种财务业务一体化的会计信息系统的功能结构可以分成 3 个基本部分，分别是财务部分、购销存部分和管理分析部分，每部分由若干子系统所组成。一个好的会计信息系统应该可以根据需要灵活地选择需要的子系统，并方便分期分批组建和扩展自己的会计信息系统。

1. 财务部分

财务部分主要由账务处理（总账）、薪酬管理、固定资产管理、应付管理、应收管理、成本管理、资金管理等子系统组成。这些子系统以总账子系统为核心，为企业的会计核算和财务管理提供全面、详细的解决方案。其中工资子系统可以完成工资核算和发放以及银行代发、代扣税等功能；固定资产子系统可以进行固定资产增减变动、计提折旧、固定资产盘盈盘亏等处理，以帮助企业有效地管理各类固定资产。

需要说明的是，在各种会计信息系统中一般都有成本核算子系统，成本核算子系统是以生产统计数据及有关工资、折旧和存货消耗数据为基础数据，按一定的对象分配、归集各项费用，以正确计算产品的成本数据，并以自动转账凭证的形式向账务及销售系统传送数据。但是，由于不同企业的生产性质、流程和工艺有很大的区别，单纯为成本核算而设计的系统应用非常有限。

2. 购销存部分

购销存部分以库存核算和管理为核心，包括库存核算、库存管理、采购管理和销售管理等子系统。购销存部分可以处理企业采购、销售与仓库管理等部门各环节的业务事项，有效地改善库存的占用情况。

3. 管理分析部分

管理分析部分一般包括财务分析、利润分析、流动资金管理、销售预测、财务计划、领导查询和决策支持等子系统。目前，我国大多数会计信息系统软件中有关管理分析部分都还显得不够完善，多数子系统还处于准备开发和正在开发阶段。目前比较成熟的主要是财务分析、领导查询等子系统。有关销售预测和一些简单的决策支持等工作主要依靠诸如报表系统或 Excel 等通用表处理系统提供的分析统计以及图表功能来完成。

会计信息系统各部分功能结构及相关子系统的关系如图 1-1 所示。

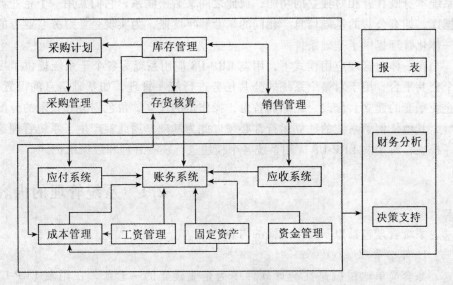

图 1-1　会计信息系统功能结构及相关子系统关系图

除以上介绍的基本子系统外，为了适应不同企业的业务处理需要，各种财会软件还设计了一些有针对性的子系统，例如，针对商业企业的商业购销存系统，与某一具体业务处理相结合的子系统，如订单管理子系统、智能零售子系统等。

第二章 系统管理

用友 ERP-U8 软件，根据业务范围和应用对象，可以划分为财务管理、供应链、生产制造、人力资源、决策支持、集团财务、企业门户、行业插件等多个产品，有四十多个子系统构成，各个子系统服务于同一主体的不同层面。子系统本身既具有相对独立的功能，彼此之间又紧密联系，它们共用一个企业数据库，拥有公共的基础信息、相同的账套和年度账，为实现企业财务、业务的一体化管理提供了基础条件。

在一体化管理应用模式下，用友 ERP-U8 应用系统为各个子系统提供了一个公共平台，用于对整个系统的公共任务进行统一管理，如基础信息的设置、企业账套的建立、修改、删除和备份，操作员的设立、角色划分和权限的分配等，其他任何子系统的独立运行都必须以此为基础，因此就产生了系统管理这一模块，对用友 ERP-U8 应用系统各个模块进行统一管理和数据维护。

2.1 系统管理的内容

系统管理包括以下几个方面的内容：

1. 账套管理

账套简单地讲就是在会计软件中为企业建立的一套账。在用友 ERP-U8 中，可以为多个企业（或企业内多个独立核算的部门）分别建立账套，且各账套数据之间相互独立，互不影响。系统最多允许建立 999 个账套。

账套的管理包括账套的建立、修改、引入、输出等。

2. 年度账管理

每个账套里都存放有企业不同年度的数据，称为年度账。年度账管理包括年度账的建立、引入、输出，以及结转上年数据、清空年度数据等。

3. 系统操作员及操作权限的集中管理

为了保证系统及数据安全与保密，系统管理提供了操作员及操作权限的集中管理功能。通过对系统操作分工和权限的管理，可以避免无关人员进入系统，还可以对系统所包含的各个模块的操作进行协调，以保证各负其责。

操作权限的集中管理包括角色管理、用户管理和设置功能权限。

4. 设立统一的安全机制

在系统管理中，可以监控并记录整个系统的运行过程，设置数据自动备份、清除异常任务、查看上机日志等。

▰ 2.2 系统管理应用

2.2.1 系统管理的操作流程

系统管理的操作需要按一定的程序来进行。一般来说，新老用户可以按如下流程进行操作，新用户操作流程如图 2-1 所示，老用户的操作流程如图 2-2 所示。

图 2-1 新用户操作流程　　　图 2-2 老用户操作流程

2.2.2 注册系统管理

系统允许两种身份进入系统管理，一是系统管理员，二是账套主管。

系统管理员指定账套主管，负责整个系统的安全和维护工作，负责账套管理、角色和用户设置的权限。账套主管负责账套的维护工作和所选年度内账套的管理及该账套操作员权限的设置。系统管理员和账套主管的主要区别如表

2-1 所示。

表 2-1　　　　　　　　　　系统管理员与账套主管权限区别

功能菜单	系统管理员	账套主管
系统	设置 SQL SEVER 口令及升级数据、注销功能	注销功能
账套	建立、引入、输出账套但无法修改账套信息	修改账套信息
年度账		可清空、引入、输出年度账
权限	设置和修改账套主管，增加、修改角色和用户，增加和修改用户权限	增加和修改所管账套的用户权限，但不能增加用户
视图	能刷新、阅读系统和上机日志，清除异常任务，清除单据锁定	能刷新、阅读上机日志

如果是第一次使用 ERP-U8 软件系统，第一次只能以系统管理员（admin）的身份注册系统管理，建立账套并指定账套主管后，才能以账套主管的身份进入系统管理。系统管理员和账套主管看到的系统管理登录界面是有差异的：系统管理员登录界面包括服务器、操作员、密码三项；而账套主管登录界面还包括账套、会计年度及操作日期。

以系统管理员的身份注册系统管理，第一次进入系统时系统管理员默认密码为空，实际中系统管理员应设置自己的密码，可通过点击"改密码"复选框，点击"确定"后按照相应提示更改系统管理员密码。

2.2.3　账套管理

企业使用 ERP-U8 软件系统，首先要通过账套管理为本企业建立一套账，通过建立账套将本企业基本信息和会计核算的部分制度确定下来，然后通过账套的修改、输出、引入等功能进行账套的维护。

1. 建立账套

只能以系统管理员的身份来建立账套。企业可以根据建账向导完成建账工作。建立账套时，其建账步骤如图 2-3 所示。

（1）设置账套信息，包括账套号、账套名称、账套启用日期及账套路径等。

（2）输入单位信息。单位信息用来记录核算单位的基本信息，包括单位名称、单位简称、单位地址、法人代表、邮政编码、电话、传真、电子邮件、税号、备注等。其中单位的全称只在发票打印时使用，是必须输入项，其余情

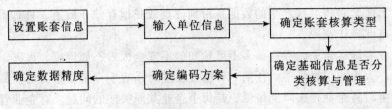

图2-3　建账步骤

况全部使用单位简称。

（3）输入核算类型，用于记录单位的基本核算信息，包括本币代码、本币名称、企业类型、行业性质、账套主管、是否按行业预置科目等。

①本币代码和本币名称：输入账套所用的本币代码及名称。系统默认为人民币。

②企业类型：是区分不同企业业务类型的必要信息。系统提供了工业、商业两种类型，必须选择输入。如果选择工业模式，则系统不能处理受托代销业务；如果选择商业模式，则委托代销和受托代销业务都能处理。

③行业性质：表明企业会计核算所执行的会计制度，企业必须选择。系统可按照所选择的行业性质预置科目。

④账套主管：为所建账套设定一个账套主管。账套主管自动拥有所管辖账套所有模块的操作权限。

⑤是否按行业性质预置科目：用户以后再进入总账系统需根据企业实际设置会计科目，如果选中此项，系统将自动按照单位的行业性质预先设置常用会计科目，用户再根据情况作相应修改即可，可以简化操作。如果不选该项，则账套建好后系统不会预置会计科目，用户需按照实际情况自己增加所有级次的会计科目。

（4）确定基础信息是否分类核算与管理，包括是否对存货、客户、供应商进行分类核算与管理，选择企业是否有外币核算。

（5）确定编码方案，对企业关键核算对象确定分类级次及各级编码长度，以便进行分级核算与管理。

（6）定义数据精度。由用户根据实际情况对数量、单价的核算精度进行定义数据精度的功能。

2. 修改账套

账套建立并设置账套主管后，如果需要对账套的某些信息进行查看或修改，只能以账套主管的身份进入系统管理，进行账套的查看和修改。但账套号、启用会计期间等相关信息是不允许修改的。

9

3. 输出和删除账套

输出账套是将系统产生的数据备份到硬盘或其他存储介质上。只有系统管理员才有此操作权限。

企业实际运营中，存在很多不可预知的不安全因素，如地震、火灾、计算机病毒、人为的误操作等。任何一种情况发生对系统安全都是致命的。如何在意外发生时将企业损失降到最低，是每个企业共同关注的问题。对企业管理人员而言，定时地将企业数据备份出来存储到不同的介质上（如常见的软盘、光盘、网络磁盘等），对数据的安全性是非常重要的。备份数据一方面用于必要时恢复数据之用；另一方面，对于异地管理的公司，这种方法还可以解决审计和数据汇总的问题。

如果企业初始建账时错误过多，或者是某些情况下无需再保留企业账套，这种情况就可以将系统内的账套删除。用户在输出界面选中"删除当前输出账套"栏目即可。

4. 引入账套

引入账套是指将系统以外的某账套数据引入到本系统中。只有系统管理员才有此操作权限。

利用账套引入功能，可以在系统数据遭损坏时恢复备份数据；也可以将分公司的账套数据引入到总公司的系统中，为集团公司财务管理提供方便。值得注意的是，如果是集团公司这种结构，在建立账套时应为每个分公司分配不同的账套号，防止引入子公司账套数据时因为账套号相同而覆盖了其他账套数据。

2.2.4 年度账管理

在系统中，用户不仅可以建多个账套，而且每一个账套中可以存放不同年度的会计数据。这样一来，系统的结构清晰，含义明确，可操作性强，对不同核算单位、不同时期数据的操作只需通过设置相应的系统路径即可进行，并且由于系统自动保存了不同会计年度的历史数据，对利用历史数据的查询和比较分析也显得特别方便。

年度账管理功能主要包括年度账的建立、输出和引入、清空年度账数据、结转上年度数据等。对年度账进行管理只能以账套主管的身份来进行。

1. 建立年度账

年度账的建立是在已有上年度账套的基础上，通过年度账建立功能，在每个会计期间结束时自动将上个年度账的基本档案信息结转到新的年度账中。对于上年余额等信息则需要在年度账结转操作完成后，再由上年自动转入下年的新年度账中。

2. 清空年度数据

有时，用户会发现某年度账中错误太多，或不希望将上年度的余额或其他信息全部转到下一年度，这时便可使用清空年度数据的功能。"清空"并不是指将年度账的数据全部清空，而是还会保留一些信息，主要有基础信息、系统预置的科目、报表等。保留这些信息主要是为了方便用户使用清空后的年度账重新做账。清空年度账数据前一定要将数据备份到其他存储介质，然后再进行操作。

3. 引入和输出年度账

年度账操作中的引入和输出与账套操作中的引入和输出的含义基本一致，作用都是对数据的备份与恢复。所不同的是，年度账操作中的引入和输出不是针对整个账套，而是针对账套中某一年度的年度账进行。账套数据备份文件前缀名统一为 uferpact；而年度数据备份文件前缀名统一为 uferpyer。

年度账的备份数据是年度开始至备份时刻的所有数据。如 1 月份启用，现在是 10 月份，则年度账数据指从 1 月份到 10 月份的所有数据。利用年度账的输出，可以为有多个异地单位的客户的及时集中管理提供解决方案。

4. 结转上年数据

企业的日常工作是持续进行的，为了进行统计分析，需要人为地将企业持续的经营时间划分为一定的时间段，一般以年为最大单位来统计。每到年末，启用新年度账时，需要将上年度中相关账户的余额及其他信息结转到新年度账中。

由于系统内模块众多，彼此之间存在数据传递关系，因此结转上年数据的操作不是随意的，需要遵从一定的顺序，如图 2-4 所示。

图 2-4 中，对于水平方向的模块是不分先后顺序的，但对于垂直方向的顺序是自上而下的。无论企业使用的模块是否齐全，或者只应用了其中的任意几个模块，都要依照此顺序执行结转。

2.2.5 操作员及权限管理

1. 角色管理

角色是指在企业管理中拥有某一类职能的组织，这个角色组织可以是实际的部门，也可以是由拥有一类职能的人构成的虚拟组织。在设置了角色后，就可以定义角色的权限。当用户归属某一角色后，就相应拥有了该角色的权限。设置角色的方便之处在于可以根据职能统一进行权限的划分，方便授权。

角色管理包括角色的增加、删除、修改等维护工作。只有系统管理员才有权限设置角色。

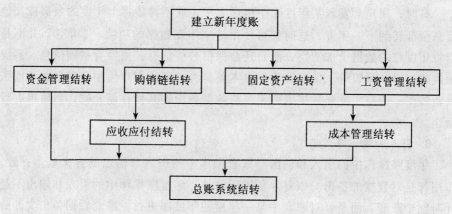

图 2-4　各模块的结转顺序

2. 用户管理

用户是指有权登录系统，对应用系统进行操作的人员，即通常意义上的"操作员"。每次注册登录应用系统，都要进行用户身份的合法性检查。只有设置了具体的用户之后，才能进行相关的操作。

用户管理主要完成用户的增加、删除、修改等维护工作。只有系统管理员才有权限设置用户。

（1）增加用户

增加系统用户时，需要指定的信息主要有用户的编号、姓名、设定并确认用户口令、所属部门及所属的角色。

（2）修改用户

已启用用户只能修改口令、所属部门、E-mail、手机号和所属角色等信息。若修改了用户的所属角色，则该用户对应的权限也跟着角色的改变而相应地改变。

（3）删除用户

先删除用户的角色信息才能删除用户。已启用的用户不能删除。如果需要暂时停止使用该用户，可以单击"注销当前用户"按钮。

用户和角色的设置可以不分先后顺序，但对于自动传递权限来说，应该首先设定角色，然后分配权限，最后进行用户的设置。这样在设置用户的时候，选择其归属哪一角色，则其自动具有该角色的权限，包括功能权限和数据权限。

一个角色可以拥有多个用户，一个用户也可以分属于多个不同的角色。

3. 权限管理

为了保证系统运行安全、有序，适应企业精细管理的要求，权限管理必须向更细、更深的方向发展。用友 ERP-U8 应用系统提供了权限的集中管理功能。除了提供用户对各模块操作权限的管理之外，还相应提供了金额的权限管理和对于数据的字段级和记录级的控制，不同的组合方式使权限控制更灵活、更有效。

（1）权限管理的三个层次

在用友 ERP-U8 应用系统中可以实现三个层次的权限管理：

第一，功能级权限管理。功能级权限管理提供了更为细致的功能级权限管理功能，包括各功能模块相关业务的查看和分配权限。例如，赋予用户对［800 账套］中总账模块、工资模块的全部功能。

第二，数据级权限管理。该权限可以通过两个方面进行控制：一是字段级权限控制，二是记录级的权限控制。例如，设定某操作员只能录入某一种凭证类别的凭证。

第三，金额级权限管理。该权限主要用于完善内部金额控制，实现对具体金额数量划分级别。对不同岗位和职位的操作员进行金额级别控制，限制他们制单时可以使用的金额数量，不涉及内部系统控制的不在管理范围内。例如，设定某操作员只能录入金额在 20 000 元以下的凭证。

功能权限的分配在系统管理中的"权限分配"设置，数据级权限和金额级权限在"企业门户" | "基础信息" | "数据权限"中进行设置，且必须是在系统管理的功能权限分配之后才能进行。

（2）设置用户的权限

系统管理员和账套主管都有权设置操作员权限。只有以系统管理员的身份注册才能指定和放弃账套主管，一个账套可以有多个账套主管。如果以账套主管的身份注册，则只能分配所辖账套子系统的操作权限。

2.2.6 系统安全管理

1. 系统运行控制

以系统管理员身份注册进入系统管理后，系统管理的功能列表分为上下两个部分，上一部分列示的是正登录到系统管理的子系统，下一部分列示的是登录的操作员在子系统中正在执行的功能。这两部分的内容都是动态的，它们都根据系统的执行情况而自动变化。

2. 注销当前用户

如果需要以一个新的用户身份注册进入系统管理中操作，就需要将当前的用户从系统管理中注销；或者需要暂时离开，而不希望他人对系统进行操作，也可以注销当前操作员。

3. 清除系统运行异常

系统管理会对每一个登录系统的子系统定时进行检查，如果发现有死机、网络阻断等异常情况，就会显示"运行不稳定"。这时执行清除异常任务功能，就会把这些异常任务所申请的系统资源予以释放，并恢复可能被破坏的系统数据库和用户数据库，同时任务栏内也将清除这些异常任务。

4. 上机日志

为了保证系统的安全运行，系统随时对各个产品或模块的每个操作员的上下机时间、操作的具体功能等情况进行登记，形成上机日志，以便使所有的操作都有所记录、有迹可寻。

用户也可以对上机日志的内容进行删除。

5. 设置备份计划

在用友 ERP-U8 应用系统中提供了设置自动备份计划的功能，其作用是自动定时对设置的账套进行输出（备份）。利用该功能，可以实现定时、自动输出多个账套的目的，可有效减轻系统管理员的工作量，保障系统数据安全。

系统管理员和账套主管都有权设置备份计划。以系统管理员身份增加备份计划时可以有选择地对某账套或年度账进行备份计划的设置；以账套主管注册进入系统管理增加备份计划时，只能设置年度账的备份计划。

第三章 企业门户

用友 ERP-U8 应用系统包含众多子系统，它们之间存在很多共性，如都需要进行登录注册，都需要设置系统基础信息等。进入用友 ERP-U8 应用系统时，用户可以单独注册任何一个子系统，也可以通过"企业门户"注册进入。"企业门户"好比企业的大门，进入门户后可直接进入任何一个子系统，这样可以避免重复登录，节省时间，也可以充分体现数据共享和系统集成的优势。同时，系统启用以及基础档案信息都可集中在企业门户中进行设置，为各个子系统提供信息。另外，通过企业门户还可以实现个性化业务工作与日常办公的协同进行。

3.1 企业门户的主要功能

"企业门户"是连接企业员工、用户和合作伙伴的公共平台，它能使系统资源得到高效、合理的使用。通过"企业门户"，系统使用者能够从单一入口访问其所需要的个性化信息，定义自己的业务工作，并设计自己的工作流程。"企业门户"主要提供了以下几个方面的功能：控制台、我的工作、工作流程、配置、支持、风格配置及重注册等。

1. 控制台

在日常使用系统时，不同的操作人员通过注册进行身份识别后进入"企业门户"后看到的界面是相同的，但由于不同的操作人员具有不同的操作权限，因此每个人能进入的模块是不同的。在控制台中，需要进入某一模块时，只需在其左侧单击选择该模块所属的产品组，在右侧双击对应的功能图标即可。

2. 我的工作

"我的工作"是"企业门户"以登录注册的操作员为中心，将该用户负责的工作连同日常办公需要的功能有机结合的产物，充分体现了以用户为中心的设计理念。

"我的工作"包括业务工作、工作日历、信息中心、移动短信息、外部信息五部分。

（1）"业务工作"中列示了用户有权限操作的各个功能模块，用户可直接进入需要进行操作的模块。

（2）在"工作日历"中，用户可以建立个人备忘录，用以提醒自己在某天某时间应该做的工作。

（3）"信息中心"可以实现和其他操作员的随时沟通，可以向本系统中的其他操作员发送有关信息。

（4）"移动短信息"可以通过短消息的形式通知工作伙伴最新的工作情况和信息。

（5）利用"外部信息"，用户可以获取外部互联网上的信息或企业内部网络的信息。

3. 工作流程

用户可以通过"工作流程"功能，根据日常处理业务的实际情况来设计个性化的工作流程图。

4. 配置

配置功能主要用于配置生产制造、专家财务分析、人力资源、管理驾驶仓、报账中心、Web 应用等模块所使用的服务器和服务器端口，以及移动短信息的发送端口，设置短信息接收的刷新时间。

5. 支持

为帮助用户更好地使用用友 ERP-U8 管理软件，用友公司组织了强大的技术支持，随时帮助用户解决在工作中遇到的各种问题，并定期发布成功案例。为方便用户查询，在"企业门户"中提供了超级链接。在门户中点击"网上用友"即可进入用友公司主页，通过"技术支持"即可连接用友公司技术支持主页，从而为用户提供查询或帮助。

6. 风格配置

风格配置是指用户对"企业门户"的页面进行不同风格设计。系统提供了四种显示风格，用户可根据个人喜好自由选择。另外，用户也可以自定义页面风格。系统提供了"企业门户"标题栏及各模块标题栏的背景图、背景色及文本的设置，还可以选择各模块的功能按钮是以图标的形式显示还是以文本的形式显示。

7. 重注册

为方便需要及时更换用户，可以通过重注册来更换用户。

3.2.1　系统启用

系统启用是指设定在用友 ERP-U8 应用系统中各个子系统开始使用的日期。只有启用后的子系统才能进行登录。系统启用有两种方法：

1. 在系统管理中创建账套时启用各子系统

当用户创建一个新的账套完成后，系统会弹出提示信息，可以选择立即进行系统启用设置。

2. 在"企业门户"中启用子系统

如果在创建账套时未启用子系统，就可以在"企业门户"中进行启用。启用子系统时，只能以账套主管身份注册进入"企业门户"，在"控制台"页签，单击左侧列表中的"基础信息"项，右侧显示基础信息设置所包含的四项内容，双击其中"基本信息"项，打开"基本信息"对话框，便可打开"系统启用"对话框，根据需要选择启用子系统。

3. 系统启用时应注意的事项

由于用友 ERP-U8 应用系统包含众多的子系统，特别是在子系统启用期间不一致的情况下，要注意其先后顺序。

（1）各系统的启用会计期间必须大于或等于账套的启用期间。

（2）采购的启用月必须大于或等于应付的未结账月，销售的启用月必须大于或等于应付的未结账月。

（3）Web 系统只有在相关系统启用后才能启用。具体规定是：先启用财务会计再启用 Web 财务；先启用供应链再启用 Web 购销存；先启用集团应用再启用 Web 资金管理。

3.2.2　编码方案

"编码方案"主要用于设置有编码级次档案的分级方式和各级编码长度，用友 ERP-U8 应用系统中的所有子系统均需要用到编码方案。可分级设置的内容包括：科目编码级次、客户权限级次、客户分类编码级次、部门编码级次、地区分类编码级次、存货权限组级次、存货分类编码级次、结算方式编码级次等。

3.2.3　数据精度

"数据精度"主要用于设置业务系统中一些特定数据的小数位长度。在

"企业门户"中需要设置的数据精度主要有存货数量小数位、存货单价小数位、开票单价小数位、件数小数位、换算率小数位和税率小数位等。各栏位只能输入 0~6 之间的整数，系统默认值为 2。

3.3 基础档案

一个账套是由若干个子系统组成的，这些子系统共享公用的基础信息。基础信息是系统运行的基础。在启用新账套之初，应根据企业的实际情况，结合系统基础信息设置的要求，事先作好基础数据的准备工作，这样可使初始建账顺利进行。

3.3.1 基础档案的设置顺序

由于企业基础数据之间存在前后承接关系（如必须在设置客户分类的基础上再设置客户档案），因此基础档案的设置应遵从一定的顺序，如图 3-1 所示。图中未列出的项目，不存在先后顺序。

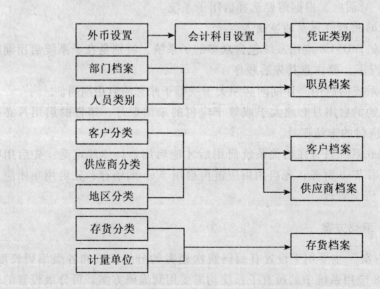

图 3-1 基础档案的设置顺序

3.3.2 基础档案的设置内容

基础档案的内容共有 30 多项，可以在"企业门户"｜"基础信息"｜"基础档案"中设置，也可以在进入各个子系统后进行设置，其结果都由各个模块共享。

设置基础档案之前应首先确定基础档案的分类编码方案，基础档案的设置必须遵循分类编码方案中的级次和各级编码长度的设定。

以下说明部分基础档案的设置内容。

1. 部门档案

部门指某使用单位下辖的具有分别进行财务核算或业务管理要求的单元体，不一定与企业实际的职能部门相对应。"部门档案"用于设置部门相关信息，包括部门编码、名称、负责人、部门属性等。

2. 职员档案

这里的职员是指企业的各个职能部门中参与企业业务活动，且需要对其进行核算和业务管理的人员。

设置人员档案前，必须先设置好部门档案才能在这些部门下设置相应的人员档案。除了固定资产和成本管理产品外，其他产品均需要使用人员档案。如果企业不需要对职员进行核算和管理，则可以不设置人员档案。

3. 客户及供应商分类

企业可以从自身管理要求出发对客户、供应商进行相应的分类，以便于对业务数据的统计、分析。如可以按照行业或者地区对客户、供应商进行划分。建立起"客户、供应商分类"后，必须将客户、供应商设置在最末级的"客户、供应商分类"之下。如果在建账时选择了客户、供应商分类，就必须先建立客户、供应商分类，再增加客户、供应商档案；若对客户、供应商没有进行分类管理的需求，则可以直接建立客户、供应商档案。

4. 客户及供应商档案

客户（供应商）档案主要用于设置往来客户（供应商）的档案信息，便于客户（供应商）资料的管理及对业务数据进行统计分析。如果在建立账套时选择了客户（供应商）分类，则必须在设置完成客户（供应商）分类档案情况下才能编辑客户（供应商）档案。

建立客户（供应商）档案主要是为企业的销售管理（采购管理）、库存管理、应收（应付）管理服务的。在填制销售出库单（采购入库单）、销售发票（采购发票）和进行应收（应付）款结算以及有关购（供）货单位统计时都会用到客户（供应商）档案，因此必须先设立客户（供应商）档案，以减少工作差错。在输入单据时，如果单据上的购（供）货单位不在客户（供应商）档案中，则必须在此建立该客户（供应商）档案。

客户（供应商）档案管理包括新增客户（供应商）档案、修改客户（供应商）档案和删除客户（供应商）档案。

5. 地区分类

企业可以根据自身的管理要求对客户、供应商所属的地区进行相应分类，以便于对业务数据的统计、分析。

6. 付款条件

付款条件也叫现金折扣，用来设置企业在经营过程中与往来单位协商的收、付款折扣方法。这种折扣条件通常可表示为 5/10，2 /20，n/30，它的意思是客户在 10 天内偿还货款，可得到 5% 的折扣；在 20 天内偿还货款，可得到 2% 的折扣；在 30 天内偿还货款，则须按全额支付货款；在 30 天以后偿还货款，则不仅要按全额支付货款，还可能要支付延期付款利息或违约金。系统最多同时支持 4 个时间段的折扣。

7. 外币设置

如果企业的业务还需用外币进行核算，那么在填制凭证处理业务中所用的汇率应先在基础档案的外币设置中进行定义，以便制单时调用，减少录入汇率的次数和差错。当汇率变化时，也应预先在此进行定义，否则制单时不能正确调入汇率。

对于使用固定汇率作为记账汇率的用户，在填制每月的凭证前，应预先在此录入该月的记账汇率，否则在填制该月外币凭证时，将会出现汇率为零的错误。对于使用变动汇率作为记账汇率的用户，在填制该天的凭证前，应预先在此录入该天的记账汇率。

8. 会计科目设置

会计科目是对会计对象具体内容进行分类核算的目录。会计科目是填制会计凭证、登记会计账簿、编制会计报表的基础。会计科目设置的完整性影响着会计工作的顺利实施，会计科目设置的层次直接影响会计核算的详细程度。

会计科目设置功能完成对会计科目的设立和管理。用户可以根据业务的需要方便地增加、插入、修改、查询、打印会计科目。

（1）增加会计科目

如果用户需建立的会计科目体系与所选行业标准会计科目基本一致，则可以在建立账套时选择预置标准会计科目。这样在会计科目初始设置时只需对不同的会计科目进行修改，对缺少的会计科目进行增加处理即可。

如果用户需建立的会计科目体系与所选行业标准会计科目相差较多，则可在系统初始设置时选择不预留行业会计科目，这样可以根据自身的需要自行设置全部会计科目。

为了加快建立会计科目的速度和准确性，系统提供了复制会计科目的功能，可以对下级科目或者同级属性相近的科目进行复制，这样只需稍作改动即可完成增加工作。

（2）修改会计科目

如果需要对原有会计科目的某些项目进行修改，如科目名称、账页格式、辅助核算、汇总打印、封存标识等，可以通过"修改"功能来完成。

（3）指定现金、银行及现金流量会计科目

"指定会计科目"是确定出纳的专管科目。被指定为现金、银行总账科目的在出纳功能中可以查询现金、银行日记账，进行银行对账，以及在制单中进行支票控制和资金赤字控制，从而实现现金、银行管理的保密性。

一般情况下，现金科目要设为日记账，银行存款科目要设为银行账和日记账。

此处指定的现金流量科目供 UFO 编制现金流量表时取数函数时使用，所以在输入凭证时，对指定的现金流量科目系统自动弹出窗口，要求指定当前输入分录的现金流量项目。

（4）定义科目自由项

科目自定义项由用户自由设置，并在填制凭证时输入内容。在填制凭证时，除了摘要、科目、金额等主要信息外，还可能有许多辅助信息来说明此项业务的情况。这些信息并不是凭证的主要信息，又无法通过辅助账实现，而在制单时又希望对这些信息提供输入的地方，并在查询时可以进行统计。此时利用科目自定义项，就可以很方便地实现这些功能。

9. 凭证类别设置

根据企业管理和核算要求，将会计凭证进行分类编制，系统提供了设置凭证类别的功能，以便于管理、记账和汇总。然而无论如何，分类都不会影响记账结果。

第一次使用总账系统，首先应正确选择凭证类别的分类方式。

（1）选择凭证类别

用户完全可以按照本单位的需要对凭证进行分类。如果是第一次进行凭证类别设置，可以按以下几种常用分类方式进行定义：

①记账凭证；

②收款、付款、转账凭证；

③现金、银行、转账凭证；

④现金收款、现金付款、银行收款、银行付款、转账凭证；

⑤自定义凭证类别。

（2）确定限制条件

选择"分类方式"后，可以设置该种凭证的限制条件，以便提高凭证处理的准确性。凭证类别的限制条件是指限制该凭证类别的使用范围。如某企业选择"收、付、转凭证分类",并设置限制类型,如表 3-1 所示。

表 3-1 凭 证 类 别

类别字	类别名称	限制类型	限制科目
收	收款凭证	借方必有	1001,1002
付	付款凭证	贷方必有	1001,1002
转	转账凭证	凭证必无	1001,1002

10. 结算方式设置

为便于管理和提高银行对账的效率,系统提供了设置银行结算方式的功能,用来建立和管理用户在经营活动中所涉及的结算方式。它与财务结算方式一致,如现金结算、支票结算等。

结算方式设置的主要内容包括结算方式编码、结算方式名称、票据管理标志等。

(1) 结算方式编码:用以标识某结算方式。用户必须按照结算方式编码级次的先后顺序进行输入,输入值必须唯一。

(2) 结算方式名称:指其汉字名称,用于显示输出。用户根据企业的实际情况,必须输入所用结算方式的名称,输入值必须唯一。

(3) 票据管理标志:是为出纳对银行结算票据的管理而设置的功能,类似于手工系统中的支票登记簿的管理方式。用户可根据实际情况,选择该结算方式下的票据是否要进行票据管理。

11. 项目目录设置

一个单位项目核算的种类可能多种多样,如在建工程、对外投资、技术开发、融资成本、在产品成本、课题、合同订单等。为了满足企业的实际需要,可定义多类项目核算,将具有相同特性的一类项目定义成一个项目大类,一个项目大类可以核算多个项目。为了便于管理,企业还可以对这些项目进行分类管理,如将存货、成本对象、现金流量、项目成本等作为核算的项目分类。

系统要求在建立会计科目时先设置相关的项目核算科目,然后再定义项目目录。

"项目目录"功能用于项目大类的设置及项目目录分类的维护。企业可以在此增加或修改项目大类、项目核算科目、项目分类、项目栏目结构以及项目目录。

(1) 定义项目大类

定义项目大类的内容包括：

①项目大类名称：是该类项目的总称，而不是会计科目名称。

②定义项目级次：项目级次即项目编码规则，项目分类最多分 8 级，总级长不超过 22 位，单级级长不能超过 9 位。

③定义项目栏目：编辑项目栏目的名称和各栏目的属性。系统默认的栏目有 "项目编号"、"项目名称"、"是否结算" 及 "所属分类码"，用户可根据需要，单击【增加】、【删除】按钮，编辑栏目内容。

（2）指定核算科目

指定核算科目就是具体指定核算此大类项目所使用的会计科目。

指定核算科目之前，必须在总账系统的会计科目设置中，将需要进行项目核算的科目的辅助核算属性设置为项目核算。

（3）定义项目分类

为了便于统计，可对同一项目大类下的项目作进一步划分，这就需要进行项目分类的定义，如工程项目大类下的分类项目及明细项目。

（4）定义项目目录

定义项目目录是将各个项目大类中的具体项目输入系统，而具体输入的内容又取决于项目栏目中所定义的栏目名称。在项目目录下，系统将列出所选项目大类下的所有项目，其中 "所属分类码" 为此项目所属的最末级项目分类的编码。

23

3.4 数据权限设置

在用友 ERP-U8 应用系统中可以实现三个层次的权限管理，即功能级权限管理、数据级权限管理和金额级权限管理。其中功能级权限分配已在系统管理工作中设置完成，在 "企业门户中" 主要完成数据级权限分配和金额级权限分配。

3.4.1 数据权限控制设置

设置在本账套中需要对哪些业务对象进行数据权限控制。在 "企业门户" 中，单击 "基础信息"，双击 "数据权限"，打开 "数据权限" 窗口。可以针对 16 个记录级业务对象和 105 个字段级业务对象，选择是否进行权限控制。若需要进行控制，单击 "是否控制" 复选框，选择 "√"。

在这里需要注意的是，账套主管不需要设置数据权限，缺省拥有所有的数据权限；对应每一个业务对象，其权限的控制范围在 "数据权限控制设置" 界面和 "数据权限设置" 界面中均提供相应说明；本功能是数据权限设置的前提，只有对某一对象设置了需要进行数据权限控制后，才能在后续的数据权限设置中对用户、用户组进行授权。

3.4.2 数据权限设置

数据权限设置的作用是设置用户、用户组所能操作的档案、单据的数据权限，用于控制后续业务处理允许编辑、查看的数据范围。

进行数据权限控制的前提是，在系统管理中已设置角色和用户，且已进行功能权限分配；在"企业门户"中已进行数据权限控制设置。

1. 记录级权限分配

记录级权限分配指对具体业务对象进行权限分配。使用前提：在"数据权限控制设置"中选择控制至少一个记录级业务对象。可以对如下档案进行记录级权限控制：单据设计（即可以对哪些单据进行单据设置处理）、单据模板（即可以使用哪些单据模板进行单据的增加）、科目、凭证类别、项目、客户、部门、供应商、业务员、存货、仓库、货位、资金单位、工资项目、报账中心单位、用户（即可以对哪些用户所做的单据或凭证有查询、删除、审核、弃审、关闭的权限）。在操作中，可按如下顺序进行。

（1）选择分配对象。

（2）选择要分配权限的用户或角色。选中的用户或角色名称显示在界面的右上角。

（3）授权。单击【授权】按钮，显示"记录权限设置"界面，选择分配对象，根据当前所选的用户或角色＋业务对象进行明细的数据权限分配工作。

（4）选择该用户对分配对象是否拥有查询、录入、删除、审核、弃审、关闭等权限控制。

（5）单击【保存】按钮，保存设置。

在对角色进行权限分配时，相当于将这些权限同时分配给该角色包含的所有用户，即实现对多个用户批量分配权限。若对其中的个别用户还要进行权限的添加、删除，则可通过对该用户的权限分配达到最终目的。对科目、凭证类别、项目、客户、部门、供应商、业务员、存货、仓库、货位、资金单位对象的数据权限均细化为查询、录入权限。对客户、供应商、存货设置记录权限时，需要先设置对应的权限分组，将权限分组与档案记录作一个对应关系，然后再直接对用户进行授权，授权的记录不是档案本身，而是对应的权限组记录。

例如，将存货的权限分组为："材料"和"产品"两组，然后将存货分类下的"原辅材料"、"包装物"两类与权限分组"材料"建立对应关系，然后对用户授权时直接对应权限组即可。

2. 字段级权限分配

出于安全保密性考虑，有的用户提出一些单据或者列表中某些栏目应限制查看权限，例如限制仓库保管员看到出入库单据上的有关产品（商品）价格信息。为此系统提供了字段级权限分配功能。

3.4.3 金额权限设置

本功能用于设置用户可使用的金额级别，为业务对象提供金额级权限设置，如采购订单的金额审核额度、科目的制单金额额度。在设置这两个金额权限之前必须先设定对应的金额级别。

1. 设置金额级别

设置金额级别就是在"金额权限设置"窗口中选择业务对象"科目级别"，并单击【级别】按钮，进入"金额级别设置"窗口。在该窗口，可以对某会计科目设置一个级别，可以输入的级别只能是 1～6 级。

2. 分配科目和采购订单金额权限

在"金额权限设置"窗口，单击【增加】按钮，在列表最后增加一个用户金额级别权限记录。双击"用户编码"，参照选择用户编码，系统自动显示用户名，选择已设置好的金额级别，一个用户只能选择一个级别。

第四章 总账系统

总账系统的任务就是利用建立的会计科目体系，输入和处理各种记账凭证，完成记账、结账以及对账工作，输出各种总分类账、日记账及明细账和有关辅助账。

4.1 总账系统的基本内容

总账系统适用于各类企事业单位，主要提供凭证处理、账簿处理、出纳管理和期末转账等基本核算功能，并提供个人、部门、客户（供应商）、项目核算等辅助处理功能。在业务处理的过程中，可随时查询所有账表，充分满足管理者对信息及时性的要求。

4.1.1 总账系统的主要功能

总账系统主要完成日常会计业务凭证处理、出纳管理、账簿管理和期末业务处理功能。其主要功能包括系统设置、凭证处理、出纳管理、账表管理、基本处理等模块。

1. 系统初始化设置

根据需要建立账务应用环境，将通用账务处理子系统变成适合实际需要的专用系统。如设置会计科目，设置外币及汇率，期初余额的录入，凭证类别及结算方式的定义，以及各类辅助核算项目的定义等。

2. 凭证管理

通过严密的制单控制保证填制凭证的正确性，提供资金赤字控制、支票控制、预算控制、外币折算误差控制以及查看最新余额等功能，加强对发生业务的及时管理和控制。如完成凭证的输入、审核、记账、查询、打印，以及出纳签字、常用凭证定义等。

3. 出纳管理

为出纳人员提供一个集成的办公环境，加强对现金及银行存款的管理。如查询和打印现金日记账、银行日记账、资金日报表，进行支票登记和管理，进行银行对账并编制银行余额调节表。

4. 账簿管理

强大的查询功能使整个系统实现总账、明细账、凭证联查，并可查询包含未记账凭证的最新数据，可随时提供标准账表。

5. 辅助核算管理

（1）个人往来管理

个人往来核算主要用来核算企业与本企业员工之间资金往来业务，进行个人借款、还款管理工作，及时控制个人借款，完成清欠工作。如提供个人借款明细账、催款单、余额表、账龄分析报告及自动清理核销已清账等功能。

（2）部门核算

部门核算是企业实现立体交叉核算的方式之一。通常把成本和损益类科目设置为按部门核算，这样不仅可以核算出这些账户在一个会计期间内总的发生额，而且能够核算出本期在各个部门的发生的情况。部门核算主要考核部门费用收支的发生情况，及时反映控制部门费用的支出，对各部门的收支情况加以比较，便于进行部门考核；提供各级部门总账、明细账的查询，并对部门收入与费用进行部门收支分析等功能。

（3）项目核算

项目核算用于生产成本、在建工程等业务核算，以项目为中心为使用者提供各项目的成本、费用、收入、往来等汇总与明细情况以及项目计划执行报告等，也可用于核算科研课题、专项工程、产成品成本、合同、订单等，并提供各项查询功能。

（4）往来管理

往来管理主要进行客户和供应商往来款项的发生、清欠管理工作，及时反映往来款项最新情况。如提供往来款项的总账、明细账、催款单、往来账清理、账龄分析报告等功能。

6. 期末处理

期末处理主要包括能自动完成月末分摊、计提、对应转账、销售成本、汇兑损益、期间损益结转等业务；能进行试算平衡、对账、结账，生成月末工作报告。灵活的自定义转账功能、各种取数公式可满足各类业务的转账工作。

4.1.2 总账系统与其他系统之间的关系

总账系统是财务会计系统中的一个基本子系统，概括反映企业供产销等全

27

部经济业务的综合信息。它既可以独立运行，也可以和其他系统协同运行，总账系统和其他系统之间的数据传递关系如图 4-1 所示。

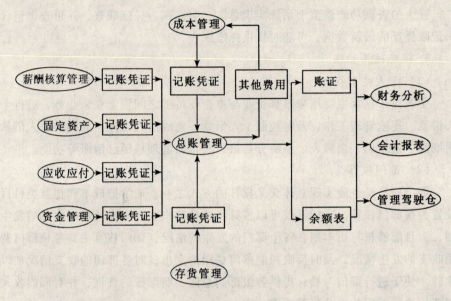

图 4-1　总账与其他系统关系图

薪酬核算系统、固定资产系统、应收系统、应付系统、资金管理系统、成本管理系统生成凭证传输到总账系统中。总账系统向 UFO 报表系统、管理驾驶仓、财务分析系统提供数据。

4.1.3　总账系统的操作流程

使用总账系统的基本操作流程包括初始设置、日常处理和期末处理三部分，如图 4-2 所示。

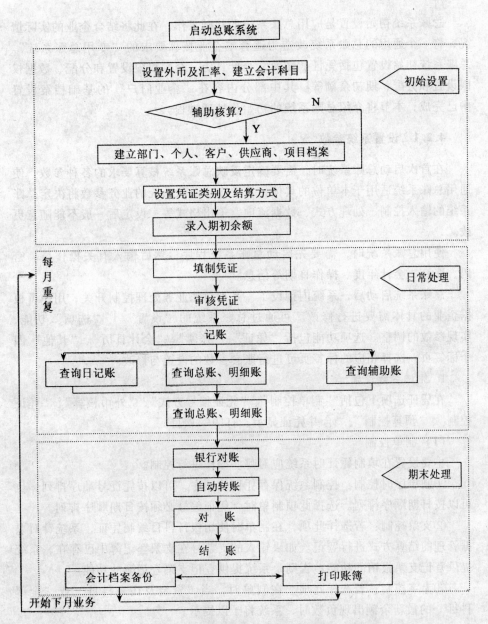

图 4-2　总账系统业务处理流程图

4.2　总账系统初始设置

总账系统初始设置是应用总账系统的基础工作，在此将结合企业的实际情况，将一个通用的总账系统改造为适合本企业核算要求的"专用总账系统"。总账系统初始设置包括凭证、账簿、会计日历、金额权限设置和分配、数据权限设置和分配、期初余额等。其中部分内容在"企业门户"的基础档案设置中已完成，本节将介绍总账系统的初始化处理过程。

4.2.1　设置系统参数

在首次启动总账系统时，需要确定反映总账系统核算要求的各种参数，使通用总账系统适用于本单位的具体核算要求。总账系统的业务参数将决定总账系统的输入控制、处理方式、数据流向、输出格式等，设定后一般不能随意更改。

使用总账系统时，需要先启动总账系统程序，然后输入有关操作员、密码、账套、会计年度、操作日期等信息。

总账系统启动后，系统内预设了一系列总账业务处理控制开关，用户可根据企业的具体需要进行修改。可通过总账系统的"设置"｜"选项"功能，实现参数的调整。选项功能包括"凭证"、"账簿"、"会计日历"、"其他"四个标签页。选择相应的标签页可进行账套参数的设置与修改。

1. 凭证参数设置

在凭证选项下包括"制单控制"、"凭证编号方式"、"外币核算"、"凭证控制"、"预算控制"、"合并凭证显示、打印"项目。

（1）制单控制

主要设置在填制凭证时系统应对哪些操作进行控制。

①制单序时控制：控制系统保存凭证的顺序，可以按凭证号顺序排列，也可以按日期顺序排列。选择此项制单时，凭证编号必须按日期顺序排列。

②支票控制：若选择此项，在制单时使用银行科目编制凭证，系统针对票据管理的结算方式进行登记。如果输入的支票号在支票登记簿中已存在，系统提供登记支票报销的功能；否则，系统提供登记支票登记簿的功能。

③赤字控制：若选择此项，在制单时，当"资金及往来科目"或"全部科目"的最新余额出现负数时，系统将予以提示。

④允许修改、作废他人填制的凭证：若选择了此项，在制单时可修改或作废别人填制的凭证，否则不能修改。

⑤制单权限控制到科目：首先要在"企业门户"｜"基础信息"｜"数

据权限设置"中设置科目权限，再选择此项，权限设置才有效。选择此项，在制单时，操作员只能使用具有相应制单权限的科目制单。

⑥制单权限控制到凭证类别：首先要在"企业门户" | "基础信息" | "数据权限设置"中设置凭证类别权限，再选择此项，权限设置才有效。选择此项，在制单时，只显示此操作员有权限的凭证类别。同时，在凭证类别参照中按人员的权限过滤出有权限的凭证类别。

⑦操作员进行金额权限控制：首先要在"企业门户" | "基础信息" | "金额权限分配"中设置金额权限，再选择此项，可以对不同级别的人员进行金额大小的控制。如财务主管可以对 1 万元以上的经济业务制单，一般财务人员只能对 1 万元以下的经济业务制单。

⑧超出预算允许保存：选择"预算控制"选项后此项才起作用，从财务分析系统取预算数。如果制单输入分录时超过预算也可以保存超预算分录，否则不予保存。

（2）凭证编号方式

①系统编号：在填制凭证时，按照凭证类别按月自动编制凭证编号。

②手工编号：在制单时，系统允许手工输入凭证编号。

（3）外币核算

如果企业有外币业务，则应选择相应的汇率方式：固定汇率、浮动汇率。

①固定汇率：在制单时，一个月只按一个固定的汇率折算本位币金额。

②浮动汇率：在制单时，按当日汇率折算本位币金额。

（4）凭证控制

①打印凭证页脚姓名：在打印凭证时，自动打印制单人、出纳、审核人、记账人的姓名。

②权限设置：若只允许某操作员审核其本部门操作员填制的凭证，则应选择"凭证审核控制到操作员"，该项功能的设置应与前期"企业门户中"设置的数据权限相配合；若要求现金、银行科目凭证必须由出纳人员核对签字后才能记账，则选择"出纳凭证必须经由出纳签字"；若要求所有凭证必须由主管签字后才能记账，则选择"凭证必须经主管签字"；若允许操作员查询他人凭证，则选择"可查询他人凭证"。

③自动填补凭证断号：如果选择凭证编号方式为系统编号，则在新增凭证时，系统按凭证类别自动查询本月的第一个断号默认为本次新增凭证的凭证号。若无断号则为新号，与原编号规则一致。

④现金流量科目必录现金流量项目：选择此项后，在输入凭证时如果使用现金流量科目则必须输入现金流量及金额。

⑤批量审核凭证进行合法性校验：批量审核凭证时针对凭证进行二次审

核，合法性校验与保存凭证时的合法性校验相同。

（5）预算控制

选择该项，则制单时，当某一科目下的实际发生数导致多个科目及辅助项的发生数及余额总数超过预算数与报警数的差额，则报警。该选项从财务分析系统取数。

（6）合并凭证显示、打印

选择此项，则在填制凭证、查询凭证、出纳签字和凭证审核时，以系统选项中的设置显示；在科目明细账显示或打印时凭证按照"按科目、摘要相同方式合并"或"按科目相同方式合并"合并显示，并在明细账显示界面提供是否"合并显示"的选项。

2. 账簿参数设置

"账簿"选项下包括"打印位数宽度"、"明细账（日记账、多栏账）打印输出方式"、"凭证、账簿套打"、"凭证、正式账每页打印行数"、"明细账查询权限控制到科目"、"制单、辅助账查询控制到辅助核算"等项目。

（1）打印位数宽度

定义正式账簿打印时各栏目的宽度，包括摘要、金额、外币、数量、汇率、单价。

（2）明细账（日记账、多栏账）打印输出方式

①按月排页：即打印时从所选月份范围的起始月份开始将明细账顺序排页，再从第一页开始将其打印输出，打印起始页号为"1 页"。这样，若所选月份不是第一个月，则打印结果的页号必然从"1 页"开始排。

②按年排页：即打印时从本会计年度的第一个会计月开始将明细账顺序排页，再将打印月份范围所在的页打印输出，打印起始页号为所打月份在全年总排页中的页号。这样，若所选月份范围不是第一个月，则打印结果的页号有可能不是从"1 页"开始排。

（3）凭证、账簿套打

"凭证、账簿套打"可以选择打印凭证、账簿是否使用套打纸进行打印。套打纸是指用友公司为账务专门印制的各种具有凭证、账簿标准表格线纸，选择套打打印时，系统只将凭证、账簿的数据内容打印到相应的套打纸上，而不打印各种表格线。用套打纸打印凭证速度快，且美观。

凭证套打分为金额式凭证和外币数量式凭证。

明细账套打分为金额式明细账和外币数量式明细账。

日记账套打分为金额式日记账、外币金额式日记账、数量金额式日记账和外币数量式明细账。

多栏账套打只有金额式多栏账。

（4）凭证、正式账每页打印行数

"凭证打印行数"可对凭证每页的行数进行设置，"正式账每页打印行数"可对明细账、日记账、多栏账的每页打印行数进行设置。双击表格或按空格对行数直接进行修改即可。

（5）明细账查询权限控制到科目

这是权限控制的开关，在系统管理中设置明细账查询权限，必须在总账系统选项中打开，才能起到控制作用。

（6）制单、辅助账查询控制到辅助核算

设置此项权限，制单时才能使用有辅助核算属性的科目输入分录，辅助账查询时只能查询有权限的辅助项内容。

3. 会计日历设置

在"会计日历"页签，打开"会计日历"对话框，可查看有关账套启用会计年度和启用日期，以及各会计期间的起始日期与结束日期。会计日历设置时需要注意以下几个方面：

（1）此处仅能查看会计日历的信息，若需修改则到系统管理中进行；

（2）总账系统的启用日期不能在系统的启用日期之前；

（3）已输入汇率后不能修改总账启用日期；

（4）总账中已输入期初余额，则不能修改总账启用的日期；

（5）第二年进入系统，不能修改总账的启用日期。

4. 其他参数设置

"其他"选项卡下包括数量小数位、单价小数位、本位币精度、部门排序方式、个人排序方式、项目排序方式、打印设置按客户端保存等项目。

4.2.2　录入期初余额

为了保证新系统的数据能与原系统的数据衔接，保持账簿数据的连续完整，在应用总账系统前，需要将一些基础数据输入到系统中。首先将各账户的年初余额或启用月份的月初余额，以及年初到该月的累计发生额计算清楚，然后输入到总账系统中。

"期初余额"功能包括：

（1）输入科目期初余额，用于年初输入余额或调整余额。

（2）核对期初余额，并进行试算平衡。

1. 确定方向输入余额

当第一次使用总账系统时，首先应将原系统的账户余额整理好，编制科目余额表，然后通过键盘输入到系统中。输入的内容主要包括余额方向和余额。主要要求如下：

（1）输入余额时必须注意调整有关科目余额的方向。如果借贷标志不能改变，余额可用"－"符号表示。

（2）只要求用户输入最末级科目的余额，非末级科目的余额系统自动计算。

（3）如果在年中某月开始建账，就需要输入启用月份的月初余额，以及年初到该月的借贷方累计发生额。

（4）在输入期初余额时，如果某科目涉及辅助核算，则必须输入辅助账的期初数据。如，往来科目（即含个人往来、客户往来、供应商往来账类的科目）应输入期初往来未达项；某科目为数量核算，系统会自动要求输入期初数量余额。

在期初余额录入时，需要注意以下几个方面：一是总账科目与其下级明细科目的方向必须一致。二是余额的方向应以科目属性或类型为准，不以当前余额方向为准。在录入某科目余额时，还可以对某科目的余额方向进行调整。

2. 试算平衡

期初余额输入后，必须进行上下级科目间余额的试算平衡和一级科目余额试算平衡，以保证初始数据的正确性，检验过程直接由计算机自动进行。

系统的"试算"功能可显示期初试算平衡表，显示试算结果是否平衡。如果不平衡，需重新调整。

试算是否平衡，对以后业务处理有较大影响。一般说来，如果期初余额试算不平衡，则本期不能记账，但可以填制凭证。

4.3 日常业务处理

初始化设置完成后，就可以开始进行日常账务处理了。日常业务处理的任务是通过输入和处理各种记账凭证，完成记账工作，查询和打印输出各种日记账、明细账和总分类账，同时对个人往来和单位辅助账进行管理。

4.3.1 填制凭证

记账凭证是登记账簿的依据。在实行计算机处理账务后，电子账簿的准确与完整完全依赖于记账凭证，因而使用者要确保记账凭证输入的准确完整。记账凭证是总账系统处理的起点，也是所有查询数据最主要的一个来源。日常业务处理首先从填制凭证开始。

记账凭证的内容一般包括两部分：一是凭证头部分，包括凭证类别、凭证编号、凭证日期和附件张数等；二是凭证正文部分，包括摘要、会计分录和金额等。如果输入会计科目有辅助核算要求，则应输入辅助核算内容。

1. 增加凭证

在总账中，记账凭证的来源有三种：一是根据审核无误的原始单据直接在计算机上编制记账凭证，或是由人工编制记账凭证，再输入计算机；二是从其他业务系统自动传递到总账中的凭证；三是从外部导入的凭证，如凭证引入或接口开发。

填制记账凭证时，应先输入凭证头部分，然后输入凭证正文部分。企业应该根据具体经济业务，采用不同方式填制完成。

（1）输入凭证头部分

记账凭证的凭证头部分包括凭证类别、凭证编号、凭证日期和附件张数。

①凭证类别：输入初始化时已定义的凭证类别代码或名称。

②凭证编号：一般采用自动编号，计算机自动按凭证类别按月对凭证进行顺序编号。编号由凭证类别编号和凭证顺序编号组成，如，收款 0001、收款 0002 等。

③凭证日期：凭证日期包括年、月、日。由于日期的正确性将影响经济业务在明细账和日记账中的顺序，所以日期应随凭证号递增而递增。凭证日期应大于等于启用日期，不能超过业务日期。

④附件张数：指本张凭证所附原始单据张数。

（2）输入凭证正文部分

凭证正文部分包括摘要、科目、方向、金额和科目辅助核算内容。

①摘要：即对本凭证所反映的经济业务内容的说明，凭证的每行必须有摘要内容，不同行的摘要内容可以不同，每行的摘要将随其内容在日记账、明细账中出现。

②科目：输入科目时，一般输入科目编码，计算机将根据科目编码自动切换为对应的会计科目名称。输入的科目编码必须在建立科目时已经定义，必须是最末级的科目编码。

③方向：每一个科目的发生额均应有它的方向，即借方或贷方。

④金额：金额不能为"零"，红字以"－"号表示，会计科目借贷双方金额必须平衡。

（3）输入科目辅助明细项目和科目备查内容

如果在科目设置时定义了相应的辅助账，则在输入每笔分录时，同时输入辅助核算的内容。如果一个科目同时兼有几个核算要求，则要求同时输入有关内容。

①输入需待核银行账的凭证。当输入的科目需要待核银行账时，要求输入对应的票据日期、结算方式和票号。这些信息在进行银行对账时使用。

②输入有个人往来账核算要求的凭证。当输入分录科目有个人往来核算

35

时，需要在"辅助项"对话框中输入辅助信息，在"辅助项"对话框中，依次输入部门、个人、票号和发生日期，最后确认返回。

③输入有部门核算要求的凭证。若科目为部门辅助账科目，在"辅助项"对话框中输入辅助信息，单击"部门"框右侧的【参照】按钮，在下拉列表框中选择部门选项，单击【确认】按钮，返回即可。

④输入有客户（供应商）核算要求的凭证。当输入分录科目为客户（供应商）核算科目时，需要在"辅助项"对话框中输入辅助信息，依次选择输入客户（供应商）名称，单击【确认】按钮，返回。

⑤输入有数量核算要求的凭证。当输入分录科目涉及数量金额核算时，需要在"辅助项"对话框中输入相关的辅助信息，一般需要填入有关单位和数量，单击【确认】按钮后系统自动计算填列金额。

⑥输入有外币核算要求的凭证。当输入的科目有外币核算要求时，要求输入外币数额和记账汇率。

⑦输入有项目核算要求的凭证。当输入分录科目为项目核算科目时，需要在"辅助项"对话框中输入辅助信息，在"辅助项"对话框中，依次输入部门、项目名称，单击【确认】按钮，返回。

在输入凭证时，最好通过按回车键进行换行或跳栏目，这样系统一方面能自动地将摘要复制到下一分录行，还可以自动出现某科目已设置了相关辅助核算内容的对话框，方便操作者输入。

2. 修改凭证

凭证输入时，尽管系统提供了多种控制错误的措施，但错误是难免的，记账凭证的错误必然影响系统的核算结果。为更正错误，系统提供了对错误凭证进行修改的功能。当然，财务会计制度和审计对错误凭证的修改有严格的要求，根据这些要求，在总账系统中，对不同状态下的错误凭证有不同的修改方式。具体方式如下：

（1）对已经输入但未审核的机内记账凭证，可随时找到错误凭证，在编辑状态下直接进行修改（凭证编号不能修改）。

（2）已通过审核但还未记账的凭证不能直接修改，可以先通过凭证审核功能取消审核，再通过凭证的编辑功能进行直接修改。

（3）若已记账的凭证发现有错，不允许直接修改。针对此类凭证的处理，会计制度要求留下审计线索，可以采用"红字凭证冲销法"或者"补充凭证法"进行更正。

凭证在修改时需要注意以下几个方面：

- 若已采用制单序时控制，则在修改制单日期时，不能在上一张凭证的制单日期之前；

- 若选择不允许修改或作废他人填制的凭证权限控制，则不能修改或作废他人填制的凭证；
- 外部系统传过来的凭证不能在总账系统中修改，只能在生成该凭证的系统中进行修改。

3. 冲销凭证

"冲销凭证"功能的红字冲销法，是将错误凭证采用增加一张"红字"凭证进行冲销，若需要，再增加一张"蓝字"正确凭证补充的方法。如，从工商银行提取现金1 000元，但输入反映该笔业务的付款凭证错输入为"100"元，记账后发现错误。为修改此错误凭证，此时采用红字冲销法。首先编制一张红字凭证将错误凭证冲销，然后再编制一张蓝字凭证进行补充。通过红字冲销法增加的凭证，应视同正常凭证进行保存和管理。

4. 作废与删除凭证

如果有非法凭证需要作废，可以使用"作废 | 恢复"功能，将这些凭证作废。作废凭证仍保留凭证内容及编号，只显示"作废"字样。自动编号，作废凭证不能修改，不能审核。在记账时，已作废的凭证应参与记账，否则月末无法结账，但不对作废凭证作数据处理，相当于一张空凭证。账簿查询时，查不到作废凭证数据。

若当前凭证已作废，可执行"制单" | "作废 | 恢复"命令，取消作废标志，并将当前凭证恢复为有效凭证。如果作废凭证不想保留，则可以通过"整理凭证"功能，将其彻底删除，并对未记账凭证重新编号。

5. 科目汇总

记账凭证全部输入完毕并进行审核签字后，可以进行汇总并同时生成一张"科目汇总表"。

进行汇总的凭证可以是已记账的凭证，也可以是未记账凭证，因此，财务人员可以在凭证未记账前，随时查看企业当前的经营状况和其他财务信息。

4.3.2 出纳及主管签字

会计凭证填制完成后，如果该凭证是出纳凭证，且在系统"选项"中选择"出纳凭证必须经由出纳签字"，则应由出纳核对签字。

出纳凭证涉及企业现金的收入与支出，应加强管理。出纳人员可通过"出纳签字"功能对制单员填制的带有现金或银行科目的凭证进行检查核对，主要核对出纳凭证科目的金额是否正确。审查认为错误或有异议的凭证，应交与填制人员修改后再核对。

选择需要出纳签字的凭证，单击工具栏上的【签字】按钮即可。签字后，凭证下方出纳处显示当前操作员姓名，表示这张凭证出纳已签字。若想对已签字的凭证取消签字，单击工具栏上的【取消】按钮即可。

"出纳签字"由企业根据实际情况在"选项"设置中选择或取消"出纳凭证必须经出纳签字"。

"出纳签字"可填补结算方式和票号。

凭证一经签字，就不能被修改、删除，只有取消签字后才可修改或删除，取消签字只能由出纳本人执行。

为了加强对会计人员制单的管理，系统提供"主管签字"功能，会计人员填制的凭证必须经主管签字才能记账。"主管签字"的操作参见"出纳签字"的操作。

4.3.3 审核凭证

审核是指由具有审核权限的操作员按照会计制度规定，对制单人填制的记账凭证进行合法性检查，主要审核记账凭证是否与原始凭证相符，会计分录是否正确等。审查认为错误或有异议的凭证，应交与填制人员修改后再审核。经过审核后的记账凭证才能作为正式凭证进行记账处理。

审核方法有屏幕审核和对照审核。

1. 屏幕审核

屏幕审核可直接根据原始凭证，对屏幕上显示的记账凭证进行审核，对正确的记账凭证，执行审核命令，计算机在凭证上填入审核人名字；对错误的记账凭证，不予审核或执行标错命令。执行标错后，计算机在凭证上标明"有错"字样。

2. 对照审核

对照审核是通过对凭证的两次输入，达到系统自动审核凭证的目的，确保经济业务处理不会发生输入错误。

审核凭证时应注意以下几个方面：

- 审核人和制单人不能是同一个人。
- 凭证一经审核，就不能修改、删除，只有取消审核签字后才能进行修改或删除。
- 作废凭证不能被审核，也不能被标错。
- 如果在"选项"中选择了"凭证审核控制到操作员"，审核人除了要具有审核权外，还需具有对凭证制单人的审核权，这个权限在"基础设置"的"数据权限"中设置。

4.3.4 记账

1. 记账

记账凭证经审核签字后，即可用来登记总账和明细账、日记账、部门账、往来账、项目账以及备查账等。记账工作采用向导方式，使记账过程更加明确。

记账即登记账簿，是以会计凭证为依据，将经济业务全面、系统、连续地记录到具有账户基本结构的账簿中去，是会计核算的主要方法之一。登记账簿由有记账权限的操作员发出记账指令，计算机按照预先设计的记账程序自动进行合法性检验、科目汇总、登记账簿等操作。

在记账过程中，主要包括记账范围的选择、记账报告的显示及确认是否记账。在设置过程中，如果发现某一步设置错误，可单击【上一步】按钮返回进行修改。如果不想再继续记账，可单击【取消】，取消本次记账工作。

记账是会计核算中重要的一环，下列事项将影响到本期记账的顺利进行：

- 若期初余额试算不平衡，则不能记账；
- 未审核凭证不能记账，记账范围应小于等于已审核范围；
- 如果有不平衡凭证时不能记账；
- 上月未记账、结账，则本月不能记账；
- 在记账过程中，不得中断退出；
- 记完账后不能整理凭证断号。

2. 取消记账操作

由于某种原因导致记账错误，或者记账后发现输入的记账凭证有错误，需进行修改，可调用"恢复记账前状态"功能，将数据恢复到记账前状态，待调整完后再重新记账。

记账过程中一旦断电或因其他原因造成中断，系统将自动调用"恢复记账前状态"恢复数据，然后再重新记账。

手工调用"恢复记账前状态"是在"对账"中按"Ctrl + H"键，激活"恢复记账前状态"功能。

系统提供两种恢复记账前状态方式：一种是将系统恢复到最后一次记账前状态；另一种是将系统恢复到本月月初状态。

4.3.5 账簿管理

企业发生的经济业务，经过制单、审核、记账等操作后就形成了正式的会计账簿。对发生的经济业务进行查询、统计分析等操作时，都可以通过"账簿管理"来完成。

查询账簿是会计日常工作的另一项重要内容。除了前述现金和银行存款的查询输出外，账簿管理还包括基本会计核算账簿的查询输出，以及各种辅助核算账簿的查询输出。

账簿查询提供未记账凭证的模拟记账功能，使企业能随时了解各科目的最新余额和明细情况，对部门、项目信息反映及时，费用控制更加可靠。

不论是查询还是打印，都必须指定查询或打印的条件，系统才能将数据显示在屏幕上或通过打印机输出，可以方便地实现总账、明细账、凭证之间的联查。

1. 三栏式总账

三栏式总账就是借贷余三栏账，通过三栏式总账查询功能，不但可以查询各总账科目的年初余额、各月发生额合计和月末余额，而且还可以查询所有二级至五级明细科目的年初余额、各月发生额合计和月末余额。

2. 余额表

发生额及余额表用于查询统计各级科目的本月发生额、累计发生额和余额等，可输出某月或某几个月的所有总账科目或明细科目的期初余额、本期发生额、累计发生额、期末余额。

"余额表"功能提供了很强的统计功能，灵活运用此功能不仅可以查询统计人民币金额账，还可查询统计外币和数量发生额和余额。

3. 明细账

"明细账"功能用于平时查询各账户的明细发生情况，以及按任意条件组合查询明细账。在查询过程中可以包含未记账凭证。本功能提供了三种明细账的查询格式：普通明细账、按科目排序明细账、月份综合明细账。

普通明细账是按科目查询、按发生日期排序的明细账。

按科目排序明细账是按非末级科目查询，按其有发生的末级科目排序的明细账。

月份综合明细账是按非末级科目查询，包含非末级科目总账数据及末级科目明细数据的综合明细账。

4. 多栏账

在总账系统中，普通多栏账由系统将要分析科目的下级科目自动生成"多栏账"。一般来说，负债、收入类科目分析其下级科目的贷方发生额，资产、费用类科目分析其下级科目借方发生额，并允许随时调整。

多栏账的栏目内容可以自定义，可以对科目的分析方向、分析内容、输出内容进行定义，同时可定义多栏账格式，满足核算管理需要。

自定义多栏账可根据实际管理需要将不同的科目及不同级次的科目形成新的多栏账，以满足多科目的综合管理。

4.3.6 客户 | 供应商往来管理

由于赊销（赊购）或其他方面的原因，形成了企业往来款项，这些往来款项若不能有效管理，就会使企业的经营活动受到一定影响，因此加强往来款项管理是一项不容忽视的工作。总账系统为企业提供清理所有具有往来性质账户的功能，包括客户往来、供应商往来和个人往来的清理。

往来管理主要涉及往来辅助账余额表、明细账的查询及其正式账簿的打印，以及往来账的清理。往来账清理主要是对往来账户的勾对，并提供账龄分析及催款单。

本节以客户往来辅助账为例，说明往来管理的主要内容，供应商往来管理与此基本相同。

1. 往来两清

对已达往来账应该及时作往来账的两清工作。例如，上月向某单位销货时应收 1 000 元，本月收回欠款 1 000 元，两清就是在这两笔业务上同时打上"标记"，表示这笔往来业务已结清。

两清应该分"科目"、"往来客户｜供应商"进行。首先选择往来科目，然后选择往来客户｜供应商，再选择两清方式，进行两清处理。

往来两清的处理方式有计算机自动勾对和手工强制勾对两种。

自动勾对是指计算机自动将所有已结清的往来业务打上"标记"。

两清依据包括按部门两清、按项目两清和按票号两清。

（1）按部门两清：对于同一科目下部门相同、供货方向相反、金额一致的两笔分录自动勾对。

（2）按项目两清：对于同一科目同一往来户下，辅助核算项目相同的往来款项多笔借方（贷方）合计相等。

（3）按票号两清：对于同一科目下相同票号、借贷方向相反、金额一致的两笔分录自动勾对。

查询方式包括专认勾对、逐笔勾对和全额勾对。

（1）专认勾对：即按业务号勾对，通过在制单过程中指定业务编号或字符，作为往来账勾对标识，对于同一科目下业务号相同、借贷方向相反、金额一致的两笔分录进行自动勾对。

（2）逐笔勾对：在未指定业务号的情况下，系统按金额一致、方向相反的原则自动勾对同一科目下同一往来户的往来款项。

（3）全额勾对：为提高对账成功率，对于同一科目同一往来户下，可能存在着借方（贷方）的某项合计项进行勾对。

系统自动勾对时，第一次按专认勾对，第二次按逐笔勾对，第三次按全额勾对。

手工勾对是在无法自动勾对时，通过手工勾对方式将往来业务人为地打上勾对标记，是对系统自动勾对的补充。

41

2. 往来余额表

客户往来余额表包括客户科目余额表、客户余额表、客户三栏余额表、客户项目余额表、客户部门余额表、客户业务员余额表、客户分类余额表、客户地区分类余额表。

（1）客户科目余额表：用于查询某往来科目下所有客户的发生额和余额情况。

（2）客户余额表：用于查询某个往来客户所有科目下的发生额和余额情况。

（3）客户三栏余额表：用于查询某客户往来科目下某客户在各月的发生额和余额情况。

（4）客户项目余额表：用于查询带有客户、项目辅助核算科目发生额和余额情况。

（5）客户部门余额表：用于查询某客户往来科目下各部门及其往来客户的发生额和余额情况。

（6）客户业务员余额表：用于查询某客户往来科目下各业务员及其他往来客户的发生额和余额情况。

（7）客户分类余额表：用于查询某客户往来科目下所有客户分类的发生额和余额情况。

（8）客户地区分类余额表：用于查询某客户往来科目下所有地区分类的发生额和余额情况。

3. 往来明细账

客户往来明细账包括客户明细账、客户科目明细账、客户三栏明细账、客户部门明细账、客户项目明细账、客户业务员明细账、客户分类明细账、客户地区分类明细账、客户多栏明细账。

（1）客户明细账：用于查询某个往来客户所有科目的明细账情况。

（2）客户科目明细账：用于查询指定科目下各往来客户的明细账情况。

（3）客户三栏明细账：用于查询某个往来客户某个科目的明细账情况。

（4）客户部门明细账：用于查询某客户往来科目下各部门及其往来客户的明细账。

（5）客户项目明细账：用于查询带有客户、项目辅助核算科目的明细账。

（6）客户业务员明细账：用于查询某客户往来科目下各业务员及其往来客户的明细账。

（7）客户分类明细账：用于查询某客户往来科目下各客户分类及其往来客户的明细账。

（8）客户地区分类明细账：用于查询某客户往来科目下所有地区分类的

明细账。

（9）客户多栏明细账：查看某个指定的上级科目的多栏明细账。

4．往来催款单

在手工方式下，企业定期对客户往来账进行清理后，为每一个往来客户发送一张对账单（催款单），告之检查付款情况。总账系统则针对不同的科目性质，在此提供催款单。

"客户往来催款单"功能可以显示客户欠款情况，用于打印客户催款单，及时清理客户借款。

5．往来账龄分析

应收账款的账龄分析是往来管理的重要功能之一。账龄是指某一往来业务从发生之日到结清之日的时间期限。通过账龄分析表对应收账款拖欠时间的整理归类和分析，了解企业管理人员收款工作的效率，以便正确确定今后的销售策略，并能根据各种应收账款过期的时间历史资料，估计坏账损失。

通过账龄分析表，系统将输出应收账款科目下所指定的、各个账龄期间内各往来客户应收账款的分布情况，计算出各种账龄应收账款占总应收账款的比例，以帮助管理人员了解分析应收账款的资金占用情况，便于及时通过"客户往来催款单"催要货款或通过调整客户的信用额度控制客户延期付款的状况。

4.3.7　个人往来管理

个人往来账功能适用于个人往来业务较多的企业或单位，个人往来是指企业与单位内部职工发生的往来业务。利用个人往来核算功能需先在设置会计科目时将需使用个人往来核算科目的账类设为个人往来。

使用个人往来核算功能可以完成个人余额查询统计、个人往来明细账查询输出、个人往来清理、往来对账、个人往来催款单、个人往来账龄分析和打印催款单等。

个人往来管理的具体操作参见4.3.6节"客户｜供应商往来管理"，这里不再重复。

4.3.8　部门核算管理

在总账系统中，如果在定义会计科目时，把某科目账类标注为部门辅助核算，则系统对这些科目除了进行部门核算外，还提供了横向和纵向的查询统计功能，为企业管理者输出各种会计信息，真正体现了"管理"的功能。

部门辅助账的管理主要涉及部门辅助总账、明细账的查询，正式账簿的打印以及如何得到部门收支分析表。

1. 部门总账

部门总账主要用于查询部门业务发生的汇总情况，从部门管理层审核监督各项收入和费用的发生情况。

系统提供按科目、部门、科目和部门查询总账三种查询方式。

2. 部门明细账

部门明细账查询用于查询部门业务发生的明细情况。

系统提供四种查询方式：按科目查询部门的明细账；按部门查询科目的发生情况；查询某科目某部门各期的明细账；横向和纵向列示查询部门下各科目的发生情况。

部门明细账的具体格式有金额式、外币金额式、数量金额式和数量外币式四种，输出明细账时，可根据实际情况选择输出格式。另外，还可输出多栏式明细账。

3. 部门收支分析

为了加强对各部门收支情况的管理，企业可对所有部门核算科目的发生额及余额按部门进行统计分析，它是部门核算的核心。

部门收支分析表是各个部门指定期间内的收入情况或费用开支情况的汇总分析报表。

统计分析数据，可以是发生额、余额或同时有发生额和余额。

例如，假定产品销售收入科目的账类已定义为"部门核算"，通过该功能就可以方便地输出过去任一时期内各个销售部门的销售情况。再如，假定管理费用科目下各二级科目的账类已定义为"部门核算"，同样可以通过本功能方便地输出过去任一时期内各个部门某项管理费用的开支情况。

4.3.9　项目核算管理

项目核算管理功能主要用于核算项目的收支情况，归集项目发生的各项费用、成本，系统还提供项目统计表，进一步帮助企业管理人员及时掌握项目进度、项目超预算情况。

1. 项目总账管理

项目核算管理功能用于核算项目的收支情况，归集项目发生业务的汇总情况。系统提供的查询方式有科目总账、项目总账、三栏式总账和分类总账。

2. 项目明细账

项目明细账查询用于查询项目业务发生的明细情况，系统提供的几种查询方式有科目明细账、项目明细账、三栏式明细账、多栏式明细账、部门项目明细账和分类明细账。

3. 项目统计分析

项目统计查询用于统计所有项目的发生额和余额情况。

4.4 出纳管理

现金、银行存款是企业的货币资金。由于它们具有的一些特性，管好、用好企业货币资金是现代企业管理的一项重要内容。"出纳管理"功能是出纳人员进行管理的一套工具，包括现金和银行存款日记账的输出、支票登记簿的管理以及银行对账功能，并可对长期未达账项提供审计报告。

4.4.1 查询日记账

日记账输出的主要格式包括：金额式日记账和外币日记账（即复币式日记账）。通过该功能可输出某一天的现金、银行存款日记账，还可输出任意一个会计月份的现金、银行存款日记账。现金科目必须在"会计科目"功能下的"指定科目"中预先指定，使用"现金日记账"功能可查询现金日记账。该功能包括查询日记账、打印日记账和列示资金日报表。

4.4.2 支票登记簿

在手工记账时，银行出纳通常建立支票领用登记簿，用来登记支票领用情况。为了加强企业的支票管理，出纳人员通常需要建立"支票登记簿"，以便详细登记支票领用人、领用日期、支票用途、是否报销等情况。当应收、应付系统或资金系统有支票领用时，自动填写。

只有在初始设置的"选项"中已选择"支票控制"，并在结算方式设置中已设置"票据结算"标志，在"会计科目"中已指定银行总账的科目，才能使用支票登记簿。

本系统对于不同的银行账户分别登记支票登记簿，所以需先选择要登记的银行账户，才能进入支票登记簿界面。

4.4.3 银行对账

银行对账是企业出纳人员的最基本工作之一。企业的结算业务大部分要通过银行进行结算。于企业与银行的账务处理和入账时间不一致，因此会发生双方账面不一致的情况，即所谓"未达账项"。为了能够准确掌握银行存款的实际余额，了解实际可以动用货币资金的数额，防止记账发生差错，企业必须定期将银行存款日记账与银行出具的对账单进行核对，并编制银行存款余额调节表。

银行对账是货币资金管理的主要内容。在计算机总账系统中，银行对账的科目是指在会计科目界面编辑菜单下指定科目中指定为银行存款的科目。

1. 输入银行对账期初数据

为保证银行对账的正确性，在使用"银行对账"功能对账前，必须在开始对账的月初先将日记账、银行对账单未达项输入系统中。使用账务处理系统处理日常业务后，系统将自动形成银行日记账的未达账项。

"银行对账期初"功能是用于第一次使用银行对账模块前输入日记账及对账单未达项，在开始使用对账之后一般不再使用。

在输入银行对账期初数据时应注意以下几个方面：

- 输入的银行对账单、单位日记账的期初未达账项的发生日期不能大于或等于此银行科目的启用日期。
- 在期初未达账项输入完毕后，不要随意调整启用日期，尤其是向前调，这样容易造成启用日期后的期初数无法参与对账。
- 若某银行科目已对过账，在期初未达项输入中，对于已勾对或已核销的记录不能再修改。
- 在执行对账功能之前，一定将"银行期初"中"调整后余额"调平，即单位日记账的调整后余额＝银行对账单的调整后余额，否则在对账后编制"银行存款余额调节表"时，会造成银行对账单余额与单位银行账的账面余额不平。

2. 输入银行对账单

本功能用于平时输入、查询和引入银行对账单，在此功能中显示的银行对账单为启用日期之后的对账单。

要实现计算机自动进行银行对账，在每月月末对账前，必须将银行开出的银行对账单输入计算机，存入"对账单文件"。

银行对账单余额方向为借方时，借方发生表示银行存款增加，贷方发生表示银行存款减少；反之，借方发生表示银行存款减少，贷方发生表示银行存款增加。系统默认银行对账单余额方向为借方，按【方向】按钮可调整银行对账单余额方向。已进行过银行对账勾对的银行科目不能调整银行对账单项余额方向。

若企业在多家银行开户，对账单与其对应账号所对应的银行存款下的末级科目一致。

3. 自动对账

自动对账是计算机根据对账依据自动进行核对、勾销。对账的依据通常是"结算方式＋结算号＋方向＋金额"或"方向＋金额"。对于已核对上的银行业务，系统将自动在银行存款日记账和银行对账单双方写上两清标志"O"，并视为已达账项；对于在两清栏未写上两清符号的记录，系统则视其为未达账项。

4. 手工对账

手工对账是对自动对账的补充。采用自动对账后，由于系统中的银行未达账项是通过凭证处理自动形成的，期间有人工输入过程，可能存在不规范输入的情况，造成一些特殊的已达账项尚未勾对而被视为未达账项。为了保证对账更彻底准确，可通过手工对账进行调整勾销。手工对账两清的记录标记为"Y"。

5. 输出余额调节表

对账完成后，计算机自动整理汇总未达账和已达账，生成银行存款余额调节表。

6. 查询对账单或日记账勾对情况

通过银行存款余额调节表，已了解了对账的结果。通过查询功能，还可了解经过对账后，对账单上勾对的明细情况（包括已达账项情况和未达账项情况），从而进一步查询对账结果。

7. 长期未达账项的审计

本功能用于查询至截止日期为止未达天数超过一定天数的银行未达账项，以便企业分析长期未达原因，避免资金损失。

4.5 期末业务处理

月末处理是指在将本月所发生的经济业务全部登记入账后所要做的工作，主要包括计提、分摊、结转、对账和结账。期末会计业务与日常业务相比，数量不多，但业务种类繁杂且时间紧迫。在手工会计工作中，每到会计期末，会计人员非常繁忙。而在计算机处理下，由于各会计期间的许多期末业务具有较强的规律性，由计算机来处理这些有规律的业务，不但减少会计人员的工作量，也可以加强财务核算的规范性。

4.5.1 定义转账分录

转账分录分为外部转账和内部转账。外部转账是指将其他专项核算子系统生成的凭证转入总账系统中，内部转账是指在总账系统内部把某个或几个会计科目中的余额或本期发生额结转到一个或多个会计科目中。

第一次使用总账系统，应先进行"转账定义"，即设置自动转账分录。定义完转账分录后，在以后各月只需调用"转账生成"功能，即可快速生成转账凭证。但当某转账凭证的转账公式有变化时，需先在"转账定义"中修改转账凭证内容，然后再转账。

设置自动转账分录就是将凭证的摘要、会计科目、借贷方向以及金额计算方法存入计算机中，包括增加、删除、修改分录，或对自动转账分录进行查询、打印。如何设计金额的计算公式是自动转账的关键。

自动转账分录可分为两类：第一类为独立自动转账分录，其金额的大小与本月发生的任何经济业务无关；第二类为相关自动转账分录，其金额的大小与本月发生的业务有关。

"转账定义"功能提供 6 种转账功能定义：自动转账定义、对应转账设置、销售成本结转设置、售价（计划价）销售成本结转、汇总损益结转设置、期间损益结转设置。

1. 自定义转账设置

由于各个企业情况不同，各种计算方法也不尽相同，特别是对各类成本费用分摊结转方式的差异，必然会造成各个企业这类转账的不同。为适应各个企业不同转账的需要，用户可以自行定义自动转账凭证。

设置转账分录时，首先设置转账分录的基本内容，如凭证的摘要、会计科目和借贷方向等。

系统在生成自动转账凭证时，要求将以前的经济业务全部登记入账，方可采用自定义转账分录生成机制凭证。

例如，公司计提短期借款利息，按短期借款期末余额的 0.2% 计提当月借款利息。借方记财务费用，贷方记预提费用。其操作步骤有：

（1）输入转账目录条件

①执行"期末"｜"转账定义"｜"自定义转账"命令，进入"自定义转账设置"窗口，单击工具栏上的【增加】按钮，打开"转账目录"对话框，可定义一张转账凭证。

②依次输入转账序号、转账说明和凭证类别。

③单击【确定】按钮，返回，继续定义转账凭证分录信息。

（2）定义借方转账分录信息

①在"科目编码"文本框中输入"5503"，在"方向"下拉列表框中选择"借"。

②移动下方滚动条至"金额公式"文本框。

（3）直接输入金额公式

金额公式是指今后让系统自动生成转账凭证时，发生额的数据来源于取数公式。输入金额公式有两种方法：一是直接选择计算公式；二是引导方式输入公式。

如果公式的表达式明确，可直接输入公式。

（4）引导方式输入公式

输入公式时，如果公式的表达式不太明确，可采用向导方式输入金额公式。

①在"自动转账设置"窗口中，单击工具栏【增行】按钮，依次输入摘要、科目编码和方向等内容。

②双击"金额公式"文本框，打开"公式向导"对话框。

③拖动左边上下滚动条，选择"期末余额"

④单击【下一步】按钮，打开"公式向导"对话框。

⑤在"科目"文本框中输入"2101"，选择期间为"月"，方向为空，单击"按默认值取数"单选按钮，选中"继续输入公式"复选框，单击运算号"＊（乘）"单选按钮，单击【下一步】按钮。

⑥在"公式名称"框中，拖动上下滚动条，选择"常数"。

⑦单击【下一步】按钮。

⑧在"常数"文本框中输入"0.2"。选中"继续输入公式"复选框，单击运算符"／（除）"单选按钮。

⑨输入常数"100"，单击【完成】按钮，得到公式：QM（2101，月）＊0.2/100。

⑩单击【保存】按钮，自定义转账公式设置成功。

2. 对应转账设置

对应结转就是对两个科目进行一一对应结转。对应结转的科目可为非末级科目，但其下级科目的科目结构必须一致（相同明细科目），若有辅助核算，则两个科目的辅助账类也必须一一对应。如将"应交税费—应交增值税—进项税额"对应结转到"应交税费—应交增值税—未交增值税"，将"应交税费—应交增值税—销项税额"对应结转到"应交税费—应交增值税—未交增值税"中。

3. 销售成本结转设置

销售成本结转是指将月末商品（或产成品）销售数量乘以库存商品（或产成品）的平均单价计算各类商品销售成本并进行结转。

在总账系统中，建立会计科目时，如果库存商品、主营业务收入和主营业务成本等科目下的所有明细科目都有数量核算，且这三个科目的下级科目的结构均一一对应，则输入完成后，系统自动计算出所有商品的销售成本。

4. 期间损益结转设置

期间损益结转主要用于在一个会计期间终了将损益类科目的余额结转到本年利润科目中，从而及时反映企业利润的盈亏情况，主要是对管理费用、销售费用、财务费用、销售收入、营业外收支等科目的结转。期间损益结转时应注意以下几个方面：

- 每个损益类科目的期末余额将结转到与其同一行的本年利润科目中。
- 若损益类科目与本年利润科目都有辅助核算，则辅助类必须相同。
- 本年利润科目必须为末级科目，且为本年利润入账科目的下级科目。

4.5.2　生成转账凭证

在定义完转账分录后，每月月末只需执行本功能，即可由计算机自动生成转账凭证。在此生成的转账凭证，需经审核、记账后才真正完成结转工作。

由于转账是按照已记账的数据进行计算的，所以在进行月末转账工作之前，请先将所有未记账凭证记账，否则生成的转账凭证数据可能有误。特别是对于一组相关转账分录，必须按顺序依次进行转账生成、审核、记账。

如果使用了应收、应付系统，那么总账系统中不能按客户、供应商进行结转。

1. 自定义转账生成

自定义转账凭证是企业根据自身业务需要所采用的转账方式，因此，在生成凭证时必须注意业务发生的先后次序，否则计算金额时就会发生差错，特别是相关自动转账分录。

转账定义完成后，每月月末只需执行转账生成功能即可快速生成转账凭证。在此生成的转账凭证将自动追加到未记账凭证中去。

独立自动转账分录可以在任何时候用于填制机制凭证。通常一个独立自动转账分录每月只使用一次。

相关自动转账分录只能在某些相关经济业务入账后使用，否则计算金额时就会发生差错。

按照合理的先后次序逐一填制机制凭证，自动转账凭证可以单独编号。

在产生机制凭证时，自动转账分录中的摘要、借贷标志、会计科目直接作为凭证的内容存入凭证临时文件。同时，计算机根据金额计算公式自动将计算结果存入机制凭证的金额栏。转账凭证生成后，并未记账。

同一张转账凭证，年度内可根据需要多次生成，但每月一般只需结转一次。

2. 对应结转生成

生成对应结转凭证的操作与自定义转账生成的操作基本相同。结转时应视实际情况按照合理的先后次序逐一生成。

3. 销售成本结转生成

生成销售成本结转凭证的操作与自定义转账生成的操作基本相同。

4. 期间损益结转生成

生成期间损益结转凭证的操作与自定义转账生成的操作基本相同。期间损益结转既可以按科目分别结转，也可以按损益类型结转，又可以按全部结转，结转方式应视实际情况而定。

生成期间损益结转凭证之前，应先将所有未记账凭证审核记账，否则生成的凭证数据可能有误。

4.5.3 对账

在会计期末，除了对收入、费用类账户余额进行结转外，还要进行对账、结账，并在结账之前进行试算平衡。

对账是对账簿数据进行核对，以检查记账是否正确，以及账簿是否平衡。它主要通过核对总账与明细账、总账与辅助账数据来完成账账核对。

试算平衡就是将系统中设置的所有科目的期末余额按会计平衡公式"借方余额＝贷方余额"进行平衡检查，并输出科目余额表及是否平衡信息。

一般说来，实行计算机记账后，只要记账凭证输入正确，计算机自动记账后各种账簿都应是正确、平衡的，但由于非法操作或计算机病毒或其他原因有时可能会造成某些数据被破坏，因而引起账账不符。为了保证账证相符、账账相符，应经常使用本功能进行对账，至少一个月一次，一般可在月末结账前进行。

4.5.4 结账

每月月底都要进行结账处理。结账实际上就是计算和结转各账簿的本期发生额和期末余额，并终止本期的账务处理工作。

在计算机方式下，结账工作与手工相比简单多了，结账是一种成批数据处理，每月只结账一次，主要是对当月日常处理的限制和对下月账簿的初始化，由计算机自动完成。

1. 结账操作

利用计算机进行会计处理也要有结账过程，以符合会计制度的要求。因此，系统提供了"结账"功能，结账只能每月进行一次。结账时应注意以下几个方面：

- 结账前，要进行数据备份。
- 进入"结账向导四—完成结账"时，如果提示"未通过检查不能结账"，可单击【上一步】按钮，查看月度工作报告，仔细查找原因。
- 已结账月份不能再填制凭证。
- 结账只能由有结账权的人进行。

2. 反结账

结账后，如果出现由于非法操作或计算机病毒等原因造成数据被破坏的情况，可使用反结账功能，取消结账。

在"结账—开始结账"对话框中，选择要反结账的月份，按"Ctrl + Shift + F6"组合键即可取消结账。

反结账操作需要注意的是：

- 反结账操作只能由账套主管执行。
- 如本月工资分摊、计提凭证传输到总账系统，如果总账系统已制单并记账，需要做红字冲销凭证后才能反结账；如果总账系统未做任何操作，只需删除此凭证即可。
- 如果凭证已经由出纳签字、主管签字，则需要取消出纳签字、主管签字，并删除该张凭证后，才能反结账。

第五章 薪酬核算系统

职工薪酬，是企业为获得职工提供的服务而给予的各种形式的报酬以及其他相关支出，也是企业进行各种费用计提的基础。职工薪酬是产品成本的重要组成部分，也是每个单位财会部门最基础的业务之一，不仅关系到每个职工的切身利益，也是直接影响产品成本核算的重要因素。手工进行薪酬核算，需要占用财务人员大量的精力和时间，并且容易出错。采用计算机进行薪酬核算可以有效提高薪酬核算的准确性和及时性。

用友 U8 应用系统中的薪酬核算系统适用于企业、行政、事业及科研单位等各个行业，它提供了简单方便的薪酬核算和发放功能、强大的薪酬分析和管理功能以及同一企业存在多种薪酬核算类型的解决方案。

5.1 薪酬核算系统的基本内容 53

5.1.1 薪酬核算系统的主要功能

薪酬核算系统的主要功能包括以下三个方面：

1. 初始设置

尽管各个单位的工资核算有很多共性，但也存在一些差异。通过薪酬核算系统初始设置，可以根据企业需要建立工资账套数据，设置薪酬核算系统运行所需要的各项基础信息，为日常处理建立应用环境。初始设置的主要内容包括：

（1）工资账套参数设置

系统提供多工资类别核算、工资核算的币种、扣零处理、个人所得税扣税处理、是否核算计件工资等账套参数设置。

（2）基础档案设置

系统提供人员附加信息设置，人员类别、部门选择设置，人员档案设置，代发工资的银行名称设置等。企业可以自行设计工资项目及计算公式，并利用计件工资标准设置和计件工资方案设置。

2. 工资业务处理

薪酬核算系统管理企业所有人员的工资数据，对人员增减、工资变动进行处理；自动计算个人所得税、结合工资发放形式进行扣零设置或向代发工资的银行传输工资数据；自动计算、汇总工资数据；支付计件工资核算模式；自动完成工资分摊和相关费用计提，并可以直接生成凭证传递到总账系统；提供对不同工资类别数据的汇总，从而实现统一工资核算的功能。

3. 工资报表管理及统计分析

工资核算的结果最终通过报表和凭证体现。系统提供了各种工资表、汇总表、明细表、统计表、分析等，并且提供了凭证查询和自定义报表查询功能。齐全的工资报表形式、简便的资料查询方式，满足了企业多层次、多角度查询的需要。

5.1.2 薪酬核算系统的应用方案

不同企业管理模式不同，薪酬核算也存在不同的模式，为此用友 ERP-U8 薪酬核算系统提供单类别工资核算和多类别工资核算两种方案。

1. 单类别工资核算

如果企业中所有员工的工资发放项目相同，工资计算方法也相同，那么可以对全部员工进行统一的工资核算方案，因此可对应地选用系统提供的单工资类别应用方案。

2. 多类别工资核算

如果企业存在下列情况之一，则需要选用系统提供的多工资类别应用方案。

（1）企业中存在不同类别的人员，不同类别的人员工资发放项目不同，计算公式也不相同，但需要进行统一工资核算管理。如企业需要分别对在职人员、退休人员、离休人员进行工资核算；或企业需要将临时工同正式职工区别开来，分别进行核算；或者按管理人员、生产人员、研发人员等进行核算等。

（2）企业每月进行多次工资发放，月末需要进行统一核算。如企业采用周薪制，或工资和奖金分次发放。

（3）企业在不同地区设有分支机构，而工资核算由总部统一管理。

（4）工资发放时使用多种货币，如人民币、美元等。

一般说来，对于不存在以上情况的单位，建议也建立多工资类别，但在实务中，只使用一个工资类别。通过这种设置方式，如果以后的业务模式发生了重大变化，则可以轻易地修改软件设置以符合业务流程，从而减少未来变化后设置的工作量。

5.1.3 薪酬核算系统的操作流程

不同的应用背景和应用模式，在操作流程上也有所区别。进入系统后，必须按正确的顺序调用系统的各项功能。只有按正确的次序使用，才能保证少走弯路，并保证数据的正确性，特别是第一次使用的用户，更应遵守使用次序。

1. 新用户的操作流程

选择多工资类别进行核算管理的企业，首次启用工资核算系统，应按图 5-1 所示步骤进行操作。

如果是单工资类别核算管理的新用户，其操作流程比多工资类别核算管理的操作流程相对简单，基本遵从图 5-1 中的操作步骤，只是不需要执行图中带" * "号的部分。

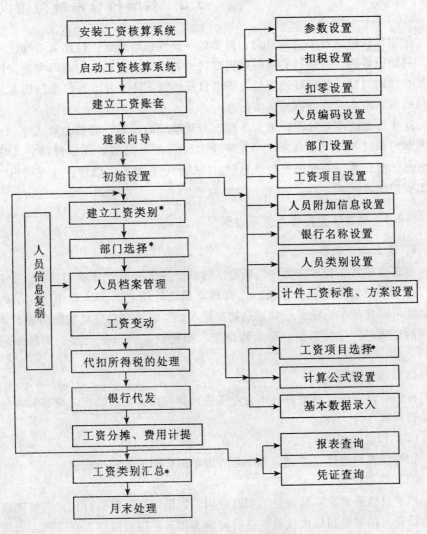

图 5-1　多工资类别核算的操作流程

2. 老用户的操作流程

如果已经使用了工资核算系统，到了年末，应进行数据的结转，以便开始下一年度的工作。新的会计年度开始时，可在"设置"菜单中选择所需修改的内容，如人员附加信息、人员类别、工资项目、部门等，但这些设置只有在新的会计年度第一个会计月里，在没有做过任何日常业务处理并且删除掉该参数所涉及的工资数据和人员档案后，才可以进行修改。

5.2　薪酬核算系统初始设置

使用计算机进行工资核算前，需要做一次性初始设置，以建立系统应用环境。初始设置前，应进行必要的数据准备，如规划企业职工的编码规则，进行人员类别的划分，整理好设置的工资项目及核算方法，并准备好部门档案、人员的档案、基本工资数据等基本信息。

这些数据的准备过程，是一个细致而又烦琐的过程，需要企业人事（力）资源部门和财务部门通力合作。人事（力）资源部门需要提供详细的人事行政信息，财务部门要根据这些信息做出准确的财务判断，以便正确反映出本单位工资构成情况。

5.2.1　建立工资账套与选项设置

1. 建立工资账套

本单位核算账套建立后，以账套主管身份注册进入"企业门户"，在"企业门户"中启用工资核算系统。工资核算系统启用之后，具有相应权限的操作员就可以登录本系统了。如果是初次进入，系统将自动启动建账向导。系统提供的建账向导分为四步，即参数设置、扣税设置、扣零设置、人员编码设置。

（1）参数设置

在参数设置中，需要选择本企业工资核算应用方案，确定工资核算本位币及是否核算计件工资。

（2）扣税设置

扣税设置即选择在工资计算中是否由单位代扣个人所得税。

（3）扣零设置

扣零设置通常在发放现金工资时使用，如果单位采用银行代发工资则很少做此设置。扣零是指每次发放工资时将零头扣下，积累取整，在下次工资发放时补上，系统在计算工资时将依据此处所设置的扣零类型（扣零至元、扣零至角、扣零至分）进行扣零计算。

用户一旦选择了"扣零处理"，系统自动在固定资产项目中增加"本月扣零"和"上月扣零"两个项目，用户不必在计算公式中设置有关扣零处理的计算公式，而且"应发合计"公式中也不用包括"上月扣零"，"扣款合计"公式中也不用包括"本月扣零"。

（4）人员编码设置

人员编码即单位人员编码长度。以数字作为人员编码，用户根据需要可自由定义人员编码长度，但总长度不能超过 10 个字符，单击上下箭头可调整长度。

2. 账套选项修改

在建立新工资账套时设置的这些参数，后期还可以根据工作需要对其进行修改和调整。需要注意的是，对于多工资类别的账套，必须在建立工资类别后且打开工资类别的状态下，才能对参数进行修改。

5.2.2　基础设置

建立工资账套后，要对整个系统运行所需的一些基础信息进行设置，包括部门设置、人员类别设置、人员附加信息设置、工资项目设置、银行名称设置等。

需要注意的是，以上这些基础信息，在多工资类别的情况下，只有部门设置和工资项目设置必须是在关闭工资类别（或未建立工资类别之前）的情况下设置；而对于其他的基础设置可以在关闭工资类别时设置，也可以在打开的某个工资类别内设置，无论在哪里进行设置，设置的内容对于整个工资账套都有效。

1. 人员附加信息设置

工资核算系统一般可以兼顾人员档案管理的基本功能，但各企业管理要求及精细程度不同，对人员档案管理的具体内容、项目也有所不同。用友 ERP-U8 工资核算系统除了提供与工资核算有关的人员基本档案信息外，还提供人员附加信息的设置功能，从一定程度上丰富了人员档案管理的内容，便于对人员进行更有效的管理。如增加性别、政治面貌为人员附加信息内容。

如已使用过的人员，其附加信息不可删除，但可修改；不能对人员的附加信息进行数据加工，如公式的设置等。

2. 人员类别设置

人员类别是指按某种特定的分类方式将企业职工分成若干类型，不同类型的人员工资水平可能不同，从而有助于实现工资的多级化管理。人员类别的设置还与工资费用的分配、分摊有关。合理设置人员类别，便于按人员类别进行工资的汇总计算，为企业提供不同人员类别的工资信息。

3. 工资项目设置

工资数据最终由各个工资项目体现。工资项目设置即定义工资核算所涉及的项目名称、类型、宽度等。工资核算系统中提供了一些固定的工资项目，它们是工资账中不可缺少的，主要包括应发合计、扣款合计、实发合计。若在工资建账时设置了"扣零处理"，则系统在工资项目中自动生成"本月扣零"和"上月扣零"两个指定名称的项目；若选择了"扣税处理"，则系统在工资项目中自动生成"代扣税"项目；若选择了"是否核算计件工资"，则系统在工资项目中自动生成"计件工资"项目，这些项目不能删除和重命名。其他项目可根据实际情况定义或参照增加，如基本工资、岗位工资、津贴等。在此设置的工资项目对于多工资类别的工资账套而言，是针对所有工资类别所需要的全部工资项目；对于单工资类别而言，就是此工资账套所使用的全部工资项目。

在工资项目长度设置时，注意长度与小数的关系：整数长度＝长度－小数位数－1（小数点占1位）。

4. 银行名称设置

当企业发放工资采用银行代发形式时，需要确定银行名称及账号长度。发放工资的银行可按需要设置多个，这里的银行名称设置是指所有工资类别涉及的银行名称。例如，同一工资类别中的人员由于在不同的工作地点，需由不同的银行代发工资；或者不同的工资类别由不同的银行代发，均需将相应的银行名称在此处一并设置。

银行名称在设置时，如果修改账号长度，则必须按回车键确认。

5. 部门设置

企业所有人员都应有所属部门，因此设置部门档案是按部门核算人员工资的基础，部门信息是企业的共享数据，可以在"企业门户"｜"基础信息"｜"基础档案"中设置，也可以在各个子系统中设置。在工资核算系统中设置部门信息，必须在没有打开"工资类别"的前提下。

6. 账套选项修改

在建立新工资账套时设置的这些参数，后期还可以根据工作需要对其进行修改、调整。对于多工资类别的账套，必须在建立工资类别后且在打开工资类别状态下，才能进行修改。

5.2.3　工资类别管理

工资核算系统提供处理多个工资类别的功能，可为按周或一个月多次发放工资，或者是有多种不同类别的人员，工资发放项目不尽相同，计算公式亦不相同，但需进行统一工资核算管理的单位提供解决方案。

工资核算系统是按工资类别来管理的。每个工资类别下有职工档案、工资变动、工资数据、扣税处理、银行代发等。

1. 建立工资类别

工资类别，指在一套工资账中根据不同情况而设置的工资数据类别。如某企业将正式职工和临时职工分别设置为两个工资类别，两个类别都同属于一套工资账。

在建立工资账套后，系统自动提示"未建立工资类别！"，可以就此选择【确定】，进入"新建工资类别"向导，也可以选择【取消】，不进行新建工资类别的设置，而在"工资类别" | "新建工资类别"对话框中根据需要建立。

2. 删除工资类别

在关闭工资类别的情况下，单击"工资类别" | "删除工资类别"，打开"删除工资类别"对话框，在工资类别列表中单击所选工资类别后，单击【确认】。只有主管才有权删除工资类别，且工资类别删除后数据不可再恢复。

3. 打开、关闭工资类别

在打开工资类别的情况下，"工资类别"菜单下显示"打开工资类别"和"关闭工资类别"两个选项。单击"关闭工资类别"后，"工资类别"菜单下显示"新建工资类别"、"打开工资类别"和"删除工资类别"几个选项。

5.2.4 人员档案设置

人员档案的设置用于登记工资发放人员的姓名、职工编号、所在部门、人员类别等信息。此外员工的增减变动都必须先在本功能中处理。

在工资管理主界面单击"设置" | "人员档案"，即可进行人员档案的增加、修改、删除、替换、定位等操作。人员档案的操作是针对某个工资类别的，在操作时应先打开相应的工资类别。

1. 增加人员

在增加档案时有关项目说明如下：

（1）计税选项是根据个人所得税税法，对外方人员在中国境内工作的薪金缴纳个人所得税的某些规定，以及某些单位个人所得税扣缴的特殊情况而设置的。若选择"计税"，则系统自动对该员工进行个人所得税扣缴、申报。

（2）中方人员选项主要是为实行个人所得税扣缴且有外方人员的单位设置。中外员工个人所得税的计算方法不同，扣税金额也不同。

2. 修改人员档案

选择要修改的人员记录，单击【修改】按钮，可对人员档案进行修改。

可单击【第一人】、【上一人】、【下一人】、【末一人】，修改其他人员信息。

（1）人员调离与停发

在修改状态下，"停发工资"和"调出"两项成为可编辑状态。当某一人员调出、退休或离休后，在人员档案中，可打上"调出"或"工资停发"标志。已做调出标志的人员，所有档案信息不可修改，其编号可以再次使用。调出人员可在当月末做月末结算前，取消调出标志，但编号已被其他人员使用时，不可取消。有工资停发标志的人员不再进行工资发放，但保留人员档案，以后可恢复发放。标志为停发或调出人员，将不再参与工资的发放和汇总。

（2）数据档案

如果需要在此直接输入职工工资，可单击【数据档案】按钮，进入"工资数据录入—页编辑"界面。在页编辑状态下，窗口中显示每个职工的所有基本数据。双击要录入或修改的工资项目数据，输入相关内容，单击【保存】按钮保存。

3. 删除人员档案

在没有做工资变动的情况下，也就是尚未录入该人员的工资数据时，可单击【删除】，删除光标所在行的人员。在年中有人员调出时，当年调出人员不可删除，可打上"调出"标志，并只能在进行年末处理后，在新的一年开始时，才能将此人删除。

4. 导入、导出人员档案

此项功能可导入一套以 .TXT 文件格式保存的人员档案信息，减少录入工作量；并可以将本账套的人员信息以 .TXT 文本格式导出，既可保存人员档案信息，以防遭到破坏时数据丢失，又可以为其他账套提供档案资源。

5. 数据替换

当个别人员的档案需要修改时，在人员档案界面可直接修改。当一批人员的某个工资项目同时需要修改时，可利用数据替换功能，即将符合条件人员的某个工资项目的内容，统一替换为某个数据，以提高人员信息的修改速度。

6. 筛选查询

数据筛选，即按照某个项目的某个数据（可等于或不等于）的值进行数据处理。例如，查询"部门＝总经理办公室"且"人员类别＝管理人员"的员工。

7. 定位查询

人员的筛选与定位，都是为缩小人员档案查询信息而设。定位查询可按人员、部门两种方式进行。

5.2.5 计算公式设置

1. 本工资类别工资项目选择

在打开工资类别之前，已在基础设置中建立了本单位各种工资类别所需要的全部工资项目。由于不同的工资类别，工资发放项目不尽相同，因此在进入某个工资类别后，应选择本类别所需要的工资项目，再设置工资项目间的计算公式。

例如，"正式职工"工资类别选择所有工资项目；"临时职工"工资类别选择"基本工资"、"奖金"、"缺勤天数"、"缺勤扣款"、"其他扣款"五个工资项目。

其操作步骤是先打开"打开工资类别"对话框，选择"正式职工"工资类别，并确认；再单击"设置"|"工资项目设置"，打开"工资项目设置"对话框；然后单击"工资项目设置"页签，单击【增加】，在工资项目列表末增加一空行；最后从系统提供的名称参照中进行选择，且不能修改工资项目的任何属性。名称参照中列出了事先建立的所有工资类别的工资项目。

2. 设置计算公式

设置计算公式即定义工资项目之间的运算关系，计算公式设置的正确与否关系到工资核算的最终结果。定义公式可通过选择工资项目、运算符、关系符、函数等组合来完成。

定义计算公式时需要注意以下几点：

- 在定义公式时，可以使用函数公式向导输入、函数参照、工资项目参照、部门参照和人员类别参照编辑输入该工资项目的计算公式。其中函数公式向导只支持系统提供的函数。
- 工资项目中没有的项目不允许在公式中出现。
- 公式中可引用已设置公式的项目，相同的工资项目可以重复定义公式，多次计算，以最后的运行结果为准。
- 定义公式时要注意先后顺序，先得到的数应先设置公式。应发合计、扣款合计和实发合计应是公式定义框的最后三个公式，且实发合计的公式在应发合计和扣款合计公式之后。

5.2.6 计件工资设置

1. 计件工资标准设置

如果在建立工资账套时选择了"是否核算计件工资"，并且在人员档案中有将"核算计件工资"项目设为"是"的项目，则需要在本功能中定义统计计件工资数据的标准、口径。

2. 计件工资方案设置

建立工资标准之后，还需要设置计件工资方案，以便按照计件工资标准进行计件工资统计。

5.3 薪酬核算业务处理

5.3.1 计件工资统计

如果已设定了计件工资标准及方案，且在人员档案中设置了核算计件工资，那么在进行本月工资数据处理前应录入计件工资统计数据。

其操作步骤是：先选择录入数据的部门，单击【增加】按钮，打开"计件工资"对话框；参照选择要录入计件数量的人员编码，输入产品完成日期和完成数量；单击【保存】按钮，保存设置信息；所有人员计件工资信息输入完成后，单击【关闭】按钮，返回计件工资统计表，显示已输入信息的计件工资列表，系统自动合计总数和总金额。

5.3.2 工资变动管理

第一次使用薪酬核算系统必须将所有人员的基本工资数据录入计算机，每月发生的工资数据变动也在此进行调整，如考勤情况的录入、奖金的录入等。工资变动处理前需要事先设置好工资项目及计算公式。

在工资核算系统中，单击"业务处理"｜"工资变动"，在"工资变动"界面，即可对所有人员的工资数据进行录入、修改。在"工资变动"界面，显示所有人员的所有工资项目，可以直接录入数据，也可以通过以下方法，快速、准确地进行数据录入或修改。

1. 筛选和定位

如果需要录入或修改某个部门或人员的工资数据，最好采用数据过滤的方法，先将所要修改的人员过滤出来，然后进行工资数据修改。修改完毕后单击"计算"和"汇总"功能，这样可大大提高计算速度。过滤操作可利用系统提供的"筛选"或"定位"功能完成。

2. 页编辑

在"工资变动"界面提供了【编辑】按钮，可以对选定的个人进行快速录入。单击【下一人】、【下一人】按钮可变更人员，录入或修改其他人员的工资数据。

3. 替换

将符合条件人员的某工资项目的数据，统一替换成某个数据。

在替换操作时需要注意：

（1）若进行数据替换的工资项目已设置了计算公式，则在重新计算时以计算公式为准。

（2）若未输入替换条件而进行替换，则系统默认替换条件为本工资类别的全部人员。

（3）如果想对某数据类型的工资项目，按特定比例增加（减少）或增加（减少）同样的数额，需要录入此工资项目的名称、运算符及常数。例如，所有人的基本工资上浮 10%，则在"将工资项目"文本框中输入"基本工资"，在"替换成"文本框中输入"基本工资 * 1.1"。再如，所有人员的基本工资上涨 500 元，则在"替换成"文本框中输入"基本工资 + 500"。

4. 过滤器

如果只输入或修改工资项目中的某一项或几项，可将要修改的项目过滤出来，以便于修改。

5. 定位器

在"工资变动"界面，首先单击复选框"√"启用定位器，然后单击某一列，在文本框中显示选中的对应列名称。例如，单击"基本工资"列，定位器文本框中显示"基本工资"。用户在文本框中录入数据如"800"后，按回车键，系统根据用户在定位器文本框中录入的数据，在选定的列中进行查询，并将光标定位于满足条件的第一条记录。

6. 计算汇总

在修改了某些数据，重新设置了计算公式，进行了数据替换或在个人所得税中执行了自动扣税等操作后，必须调用"计算"和"汇总"功能对个人工资数据重新计算，以保证数据正确。通常实发合计、应发合计、扣款合计在修改完工资项目数据后不自动计算合计项。若要检查合计项是否正确，需要先重算工资。如果不执行重算工资，在退出"工资变动"界面时，系统会自动提示重新计算。

在"工资变动"界面，单击鼠标右键，从中选择"动态计算"，打上"√"，则在工资数据项目发生变动后，系统自动计算。

7. 排序

为便于用户录入和查询工资数据，系统提供了排序功能。在工资变动界面，单击鼠标右键，从快捷菜单中选择"排序"。可以选择按人员编号、人员姓名或部门排序。如果需要按某个工资项目数据排序，只需将光标定位在该列中，然后选择快捷菜单中的"排序"|"选择列"|"升序（降序）"即可。

5.3.3 工资分钱清单

工资分钱清单是按单位计算的工资发放分钱票面额清单，会计人员根据此表从银行取款并发给各部门。执行此功能必须在个人数据输入调整完之后。如果个人数据在计算后又做了修改，须重新执行本功能，以保证数据正确。本功能有部门分钱清单、人员分钱清单、工资发放取款单三部分。

1. 票面额设置

选择"业务处理"｜"工资分钱清单"，首先打开"票面额设置"对话框。票面额设置即设置工资分钱清单的票面组合，用户可根据单位需要自由设置。还可在"工资分钱清单"界面单击【设置】按钮，或利用快捷菜单中"票面额设置"命令，重新进入该功能。进行票面额设置时，首先要选择分钱月份，再选择票面组合，确定后，系统根据实发工资项目自动计算出各种面额的张数。

2. 部门分钱清单

工资分钱清单按部门发放。部门分钱清单能查询到无权限的部门工资数据，这里只受功能权限控制，不受数据权限控制。

查看部门分钱清单时，用户需要选择部门级别，即以哪级部门为末级进行统计并计算生成分钱清单。

3. 人员分钱清单

选择"人员分钱清单"页签，系统自动显示该工资类别下所有人员分钱清单。用户可选择"部门"，系统自动显示该部门下所有人员分钱的各种票面额的张数。

4. 工资发放清单

以该工资类别为对象计算票面分钱总数，用于出纳按票面取款，以便发放。

5.3.4 扣缴所得税

个人所得税是根据《中华人民共和国个人所得税法》对个人所得征收的一种税。手工情况下，每个月末财务部门都要对超过扣除基数金额的部分计算纳税申报，系统提供的申报功能只对工资薪金所得征收个人所得税。

鉴于许多企事业单位计算职工工资薪金所得税工作量较大，本系统特提供个人所得税自动计算功能，用户只需自定义所得税率，系统即自动计算个人所得税。

1. 选择申报表栏目

"个人所得税扣缴申报表"是个人纳税情况的记录，系统提供对表中栏目的设置功能。例如，设置个人所得税扣缴申报表收入额合计项为"纳税工资"。

其操作步骤是：

（1）选择"业务处理"｜"扣缴个人所得税"，或在"个人所得税扣缴申报表"界面单击【栏目】图标，或选择快捷菜单"申报栏目选择"，均可打开"栏目选择"对话框。

（2）在标准栏目列表中用户可进行标准栏目的查看。若标准栏目不能满足要求，也可从系统提供的可选栏目中选择新栏目。个人所得税申报表中新增栏目将排在标准格式项目后面，可通过拖曳改变次序。

（3）用户可修改"所得项目"，系统默认"所得项目"为"工资"。

（4）用户可修改"对应工资项目"，系统默认为"实发合计"，从下拉列表中选择"纳税工资"。

（5）设置完成后，单击【确认】按钮，弹出系统提示，确认后进入"个人所得税扣缴申报表"界面。

2. 税率表定义

如果单位的扣除费用及税率与国家规定不一致，可在"个人所得税扣缴申报表"界面单击【税率】按钮进行修改。修改确认后系统自动重新计算，并将此设置保存到下次修改确认后。

税率表定义界面初始为国家颁布的工资、薪金所得适用的九级超额累进税率，税率为5%～45%，级数为九级，费用基数为2 000元，附加费用为3 200元。用户可根据单位需要调整费用基数和附加费用以及税率，可增加级数也可删除级数。

3. 个人所得税计算

当税率定义完成确认后，系统将根据用户的设置自动计算并生成新的个人所得税申报。若用户修改了"税率表"或重新选择了"收入额合计项"，则用户在退出个人所得税功能后，需要到数据变动功能中执行重新计算功能，否则系统将保留用户修改个人所得税前的数据状态。

5.3.5 银行代发

目前社会上许多单位发放工资时都采用职工凭工资信用卡去银行取款的方法。银行代发业务处理，是指每月末单位应向银行提供银行给定文件格式的软盘。这样做既减轻了财务部门发放工资的繁重工作，又有效避免了财务部门去银行提取大笔款项所承担的风险，同时还提高了对员工个人工资的保密程度。要完成银行代发功能，主要要进行以下方面的设置：

1. 银行文件格式设置

银行文件格式设置是根据银行的要求，设置提供银行数据中所包含的项目，以及项目的数据类型、长度和取值范围等。

2. 银行代发输出格式设置

银行代发磁盘输出格式设置：根据银行的要求，设置向银行提供的数据，即是以何种文件形式存放在磁盘中，且在文件中各数据项目是如何存放和区分的。

3. 磁盘输出

按用户已设置好的格式和设定的文件名，将数据输出到指定的磁盘。

在"银行代发"界面，单击【传输】按钮，或右击选菜单下的"磁盘输出"，输入文件名称，选择磁盘和存储路径后，单击【保存】即可。

5.3.6　工资分摊

工资分摊是指对当月发生的工资费用进行工资总额的计算、分配及各种经费的计提，并制作自动转账凭证，传递到总账系统作登账处理之用。

在薪酬核算管理界面，单击"业务处理"｜"工资分摊"，打开"工资分摊"对话框。

1. 设置工资分摊类型

首次使用工资分摊功能，应先进行工资分摊设置。

所有与工资相关的费用及基金均需设定相应的分摊类型名称及分摊比例，如应付职工薪酬、福利费、职工教育经费、工会经费等。

2. 生成转账凭证

工资分配及费用分摊的结果最后应通过转账凭证的形式传递到总账，避免二次录入。

5.3.7　月末处理

月末处理是将当月数据经过处理后结转至下月。每月工资数据处理完毕后均可进行月末结转。由于在工资项目中，有的项目是变动的，即每月的数据均不相同，在每月工资处理时，均需将其数据清为0，然后输入当月的数据，此类项目即为清零项目。该项目包括月末处理和年末结转。

1. 月末处理

月末处理在"业务处理"｜"月末处理"对话框中进行，根据月末处理的要求选择确定有关项目的处理方法。一般来说，月末结转只有在会计年度的1月~11月进行；若为处理多个工资类别，则应打开工资类别，分别进行月末结算；若本月工资数据未汇总，系统将不允许进行月末结转；进行期末处理后，当月数据将不再允许变动；月末处理功能只有主管人员才能执行。

2. 年末处理

新年度到来时，应首先建立新年度账，然后在系统管理中选择"年度账丨"结转上年数据"后，即可将工资数据经过处理后结转至本年。此项操作需要账套主管在服务器上登录系统执行操作。

5.3.8 反结账

当工资核算系统结账后，发现还有一些业务或其他事项需要在已结账月进行账务处理，此时需要使用反结账功能，取消已结账标记。

在工资核算系统中，单击"业务处理"丨"反结账"，选择要反结账的工资类别，确认即可。

需要注意的是：

（1）本功能只能由账套（类别）主管才能执行。

（2）有下列情况之一，不允许反结账：总账系统已结账；成本管理系统上月已结账；汇总工资类别的会计月份＝反结账会计月，且包括需反结账的工资类别。

（3）本月工资分摊、计提凭证传输到总账系统，如果总账系统已制单并记账，需做红字冲销凭证后，才能反结账；如果总账系统未做任何操作，只需删除此凭证即可。如果凭证已经由出纳签字、主管签字，需取消出纳签字、主管签字，并删除该张凭证后，才能反结账。

▼ 5.4 工资数据统计分析

工资业务处理完成后，相关工资报表数据同时生成，这是手工处理与计算机处理的不同点。系统提供了多种形式的报表反映工资核算的结果，报表的格式由工资项目按照一定的格式设定。如果对报表提供的固定格式不满意，系统提供修改表、新建表的功能。

5.4.1 我的账表

"我的账表"主要功能是对工资核算系统中所有的报表进行管理，有工资表和工资分析表两种报表类型。如果系统提供的报表不能满足企业的需要，用户还可以启用自定义报表功能，新增账表夹和设置自定义功能。

5.4.2 工资表

工资表主要用于本月工资的发放和统计，本功能主要完成查询和打印各种工资表的工作。工资表包括以下一些由系统提供的原始表：工资发放签名表、工资发放条、工资卡、部门工资汇总表、人员类别工资汇总表、部门条件汇总表、条件统计表、条件明细表、工资变动汇总表等。

在薪酬核算系统中，单击"统计分析"｜"账表"｜"工资表"，打开"工资表"对话框，选择要查看的表，单击【查看】按钮，在弹出的对话框中输入查询条件，即可得到相应的查询结果。

1. 工资发放签名表

工资发放签名表即工资发放清单或工资发放签名表，一个职工一行。

系统提供树型结构形式，可查询当月工资发放签名表、其他各月的工资发放签名表、选定的全部部门的工资发放签名表或某一部门的工资发放签名表等。工资发放签名表的打印按部门分页打印。

2. 工资发放条

工资发放条是发放工资时交给职工的工资项目清单。

系统提供用户自己定义工资发放打印信息和工资项目打印位置格式的功能，提供固化表头和打印区域的"工资套打"格式。

打印工资条如果一行打印不下，自动进行压缩，若还打印不下，自动进行折行打印。

3. 工资卡

工资卡即工资台账，按每人一张设立卡片。工资卡片反映每个员工各月的各项工资情况、月平均工资及全年的工资合计。

4. 部门工资汇总表

部门工资汇总表提供按单位（或各部门）进行工资汇总的查询，利用此功能可以选择部门级次，查询当月部门工资汇总表，也可查询其他各月的部门工资汇总表。

5. 人员类别工资汇总表

人员类别工资汇总表提供按人员类别进行工资汇总的查询，可以查询当月人员类别工资汇总表，也可查询其他各月的人员类别工资汇总表。

6. 部门条件汇总表

由用户指定条件生成按部门汇总的工资汇总表。

7. 条件明细表

按用户指定条件查询工资明细数据并输出符合条件的所有人员的工资明细情况。

8. 条件统计表

按用户指定条件生成的工资统计表，用于统计某些工资项目的总和。

9. 工资变动明细表

用于选定工资项目的本月与上月个人工资的数据核对。

可通过月份下拉框选择要核对数据的终止月，系统自动将终止月与其上一月的数据比较显示出来，以供用户进行核对。工资变动明细表不能修改和删除。

工资变动明细表显示方式有比较式（显示本月与上月数据）、差额式（显示本月与上月数据，并显示两月之差额）、比较差额式（只显示本月与上月数据的差额）。用户通过点击下拉方式选择显示方式。

10. 工资变动汇总表

用于本月与上月工资汇总数据的核对，其他内容与工资变动明细表类似。

在不选任何工资项目情况下，工资变动表表现为：由于现有人员的调动、工资停发等或本月新增人员的工资发放造成的本月与上月部门工资不一致的变动情况。月份下拉框中选择最小月份为该账套工资启用月份加 1。

5.4.3　工资分析表

工资分析表以工资数据为基础，对部门、人员类别的工资数据进行分析和比较，产生各种分析表，供决策人员使用。工资分析表包括分部门各月工资构成分析表、分类统计表（按部门、按项目、按月）、工资项目分析（按部门）、工资增长情况、部门工资项目构成分析表、员工工资汇总表、员工工资项目统计表。

在工资核算系统中，单击"统计分析" |"工资分析表"，打开"工资分析表"对话框。选择相应的分析表，单击【确认】按钮，输入条件，再点击【确认】按钮，即可进入相应的界面。

对于工资项目分析，系统仅提供单一部门项目分析表。用户在分析界面可单击部门下拉框，选择已选中部门中的某一部门，查看该部门的工资项目分析表。

对于员工工资汇总表，系统仅提供对单一工资项目和单一部门进行员工工资汇总分析。

对于分部门各月工资构成分析表，系统提供对单一工资项目进行工资构成分析。

5.4.4　凭证查询

工资核算的结果以转账凭证的形式传输到总账系统，在总账系统中可以进行查询、审核、记账等操作，不能修改、删除。工资核算系统中的凭证查询功能提供对工资核算系统转账凭证的删除、冲销。其操作方法是，在"凭证查询"对话框中输入要查询的起始月份和终止月份，显示查询期间凭证列表。选中一张凭证，单击【删除】按钮可删除标志为"未审核"的凭证，实质是在总账中将凭证打上"作废"标记，如果想从数据库中删除，还需在总账执行凭证整理中处理；如果点击【冲销】按钮，则可对当前标志为"记账"的凭证进行红字冲销操作，自动生成与原凭证相同的红字凭证。

5.5 工资数据维护

5.5.1 数据上报

数据上报主要是指本月与上月相比新增加人员数量信息及减少人员数量信息的上报，本功能是在基层单位账中使用，形成上报数据文件。单工资类别账时，一直可用；多工资类别时，需关闭所有工资类别才可使用。

人员信息包括人员档案的所有字段信息，工资数据包含所有工资项目的信息。

5.5.2 数据采集

数据采集是指人员信息采集，人员信息采集是指将人员上报盘中的信息，读入到系统中。本功能是在统发账中使用，用于人员的增加、减少、工资数据的变更。数据采集功能在单工资类别账时，一直可用；多工资类别时，需关闭所有工资类别才可使用。

5.5.3 人员调动

当账套为多工资类别时，可利用人员调动功能，实现人员在不同工资类别之间的转换。在进行人员调动时，首先要打开需调出人员所在的工资类别，然后打开"人员调动"对话框，将要调出的人员选入"调出人员"列表中。其次在"调动至类别"下拉列表中选择该人员要调往的工资类别，并选择要调入的部门，单击【确定】按钮。最后在"设置"｜"人员档案"，查看当前工资类别下调动人员状态，调出人员的"停发工资"和"调出"栏被自动修改。

5.5.4 人员信息复制

在采用多工资类别应用方案的前提下，如果新建工资类别中的人员与已建立工资类别人员信息相同时，可利用该功能将已建工资类别中的人员信息复制到新建工资类别中。

5.5.5　汇总工资类别

在多个工资类别中，以部门编号、人员编号、人员姓名为标准，将此三项内容相同人员的工资数据做合计。例如，需要统计所有工资类别本月发放工资的合计数，或某些工资类别中的人员工资都由一家银行代发，希望生成一套完整的工资数据传到银行，则可使用此项功能。

在汇总工资类别时需要注意以下几个问题：

（1）必须在关闭所有工资类别时才可用。

（2）所选工资类别中必须有汇总月份的工资数据。

（3）若为第一次进行工资类别汇总，需在汇总工资类别中设置工资项目计算公式。若每次汇总的工资类别一致，则公式无需重新设置；若与上一次所选择的工资类别不一致，则需重新设置计算公式。

（4）汇总工资类别不能进行月末结算和年末结算。

第六章　固定资产核算系统

固定资产核算系统是一套用于企业事业单位进行固定资产核算和管理的软件，主要面向中小型企业，帮助企业的财务部门进行固定资产总值、累计折旧数据的动态管理，为总账系统提供相关凭证，协助企业进行部分成本核算，同时还为设备管理部门提供固定资产的各项指标管理工作。

6.1　固定资产核算系统的基本内容

6.1.1　固定资产核算系统的主要功能

固定资产核算系统主要完成企业固定资产日常业务的核算和管理，生成固定资产卡片，按月反映固定资产的增加、减少、原值变化及其他变动，并输出相应的增减变动明细账，保证企业固定资产的安全完整并充分发挥其效能；同时按月自动计提折旧，生成折旧分配凭证，保证再生产的资金来源。此外，还可输出一些同设备管理相关的报表和账簿，以分析固定资产的利用效果。系统的主要功能体现在以下几个方面：

1. 固定资产系统初始设置

运行固定资产系统并打开该账套后，要进行必要的系统初始设置工作，具体包括系统初始化、部门设置、类别设置、使用状况定义、增减方式定义、折旧方法定义、卡片项目定义、卡片样式定义等，这些均是系统顺利运转的基础。

2. 固定资产卡片管理

固定资产管理在企业中分为两部分：一是固定资产卡片台账管理，二是固定资产的会计处理。考虑到这两方面的使用习惯和管理的科学性，系统首先提供了卡片管理的功能，主要从卡片、变动单及资产评估三方面来实现卡片管理。"卡片"中主要实现录入原始卡片、卡片修改、卡片删除、资产增加及资产减少等功能，不仅实现了固定资产的文字资料管理，而且还实现了固定资产的图片管理。"变动单"中实现固定资产变动的各项管理。此外，还单独列示了"资产评估"来完成评估数据和成果的管理。

3. 固定资产折旧管理

自动计提折旧形成折旧清单和折旧分配表，并按分配表自动制作记账凭证，并传送到账务系统，同时在本系统中可修改、删除和查询凭证。对折旧进行分配时，可以在单部门或多部门之间进行分配。

4. 固定资产月末对账、结账

月末，按照系统初始设置的账务系统接口，自动与账务系统进行对账，并根据对账结果和初始设置决定是否结账。

5. 固定资产账表查询

通过"我的账表"对系统所能提供的全部账表进行管理，资产管理部门可随时查询分析表、统计表、账簿折旧表，以提高资产管理效率。

另外，系统还提供固定资产的多种自定义功能，可自定义折旧方法、汇总分配周期、卡片项目等。为适应行政事业单位固定资产管理的需要，系统还提供整套账不提折旧功能。

6.1.2　固定资产核算系统与其他系统的关系

固定资产核算系统与系统管理共享基础数据。固定资产核算系统中对资产的增加或减少、原值和累计折旧的调整、折旧计提等，都要将有关数据通过记账凭证的形式传输到总账系统，同时通过对账保持固定资产账目与总账的平衡，并可以修改、删除及查询凭证。固定资产核算系统为成本核算系统提供计提折旧有关费用的数据。UFO 报表系统可以通过使用相应的函数从固定资产系统中提取分析数据。

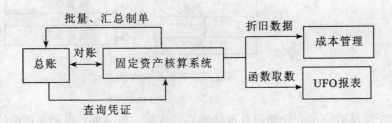

图 6-1　固定资产核算系统与其他子系统的主要关系

6.1.3　固定资产核算系统的操作流程

企业会计制度中不同性质的企业固定资产的会计处理方法不同。固定资产系统提供企业单位应用方案和行政事业单位应用方案两种选择。行政事业单位应用方案与企业单位应用方案的差别在于行政事业单位整个账套不提折旧。从操作流程来看，所有与折旧有关的操作环节在行政事业单位操作流程中均不体现。

　　下面以企业单位应用方案为例，列出新用户启用固定资产核算系统的操作流程，如图 6-2 所示。

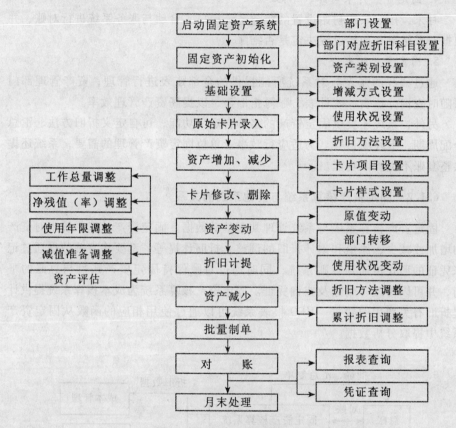

图 6-2　固定资产系统操作流程

　　本年度最后一个会计期间月末结账后，该年工作结束，以新年度会计期间进入，在系统管理模块中完成结转上年操作，将上年的各项资料转入本年账套后，可对部分账套参数或基础设置信息进行调整，再开始日常处理工作。

6.2　固定资产核算系统初始设置

　　固定资产核算系统初始设置是根据单位的具体情况，建立一个适合本单位需要的固定资产子账套的过程。它是使用固定资产子系统管理资产的首要操作。系统初始设置包括固定资产初始化、基础设置和原始卡片录入三项内容。

6.2.1 固定资产核算系统初始化

固定资产核算系统初始化是使用固定资产系统管理资产的首要操作，是根据企业的具体情况，建立一个适合企业需要的固定资产子账套的过程。要设置的内容主要包括约定及说明、启用月份、折旧信息、编码方式、账务接口和完成设置六部分。

6.2.2 基础设置

一般手工记账时，在开始记账前，一些基本设置已做到心中有数，这些设置包括卡片项目、卡片样式、折旧方法、部门、部门对应折旧科目、资产类别、使用状况、增减方式等。在电算化方式下，必须将手工记账时采用的信息，在账套内进行设置。这些基础设置是使用固定资产系统进行资产管理和核算的基础。

系统的各项基础设置中除资产类别和建账初期数据必须由用户设置外，其他各部分都有缺省的内容。

1. 选项设置

"选项"中包括在账套初始化中设置的参数和其他一些在账套运行中使用的参数或判断，在此只对初始化中没有设置的参数进行说明，账套初始化中可修改的参数在这里可以修改。"选项"界面中包括以下4个页签，单击【编辑】按钮可对可修改项目进行修改：

（1）"与财务系统接口"页签

页签有关栏目说明如下：

①业务发生后立即制单：本选项用于确定制单的时间。缺省为"是"，可以修改。不选该项，则系统把没有制单的原始单据的资料收集到批量制单部分，利用批量制单功能统一完成。

②月末结账前一定要完成制单登账业务：系统中的有些业务在存在对应账务账套的情况下应制作凭证，把凭证传递到账务系统。但有可能一些经济业务在其他系统已制作凭证，为避免重复制单，可不选择该项。如果想保证系统的严谨性，则在此判断框内打勾，表示一定要完成制作凭证，否则本期间不允许结账。

③固定资产缺省入账科目、累计折旧缺省入账科目：固定资产系统制作记账凭证时，凭证中上述科目的缺省值将由用户的设置确定。当这些设置为空时，凭证中缺省科目为空。

（2）"基本信息"页签

基本信息页签的内容均根据初始设置缺省，不可修改。

（3）"折旧信息"页签

参见系统初始设置。

（4）"其它"页签

"其它"页签中的选项中有关栏目说明如下：

①已发生资产减少卡片可删除时限：根据制度规定已清理的资产的资料应保留5年，所以系统设置了该时限，缺省为5年，只有5年以后才能将相关资产的卡片和变动单删除（即从系统的数据库中彻底删除）。使用者可根据需要修改这个时限，系统按修改后的时限判断已清理资产的卡片和变动单能否删除。

②自动连续增加卡片：选择此项，增加的卡片保存后系统自动增加一张新的空白卡片。

③卡片关联图片：一定金额以上的固定资产在固定资产管理中要求固定资产卡片中能联查到扫描或数码相机生成的资产图片，以便管理更具体、更直观。因此，在"选项"中增加固定资产卡片联查图片功能，允许在卡片管理界面中联查资产的图片文件。

④每次登录系统时显示资产到期提示表：如果选择此项，则根据该参数判断用户每次登录固定资产子系统时自动显示当前期间使用年限已到期的固定资产信息，以及即将到期的资产信息，以丰富查询分析，提高产品的管理性能。

2. 部门档案设置

在部门设置中，可对企业的各职能部门进行分类和描述，以便确定资产的归属。

3. 部门对应折旧科目设置

对应折旧科目是指折旧费用的入账科目。资产计提折旧后必须把折旧数据归入成本或费用科目，根据不同企业的具体情况，有按部门归集的，也有按类别归集的。当按部门归集折旧费用时，一般情况下，某一部门内资产的折旧费用将归集到一个比较固定的科目。部门折旧科目的设置就是给每个部门选择一个折旧科目，这样在录入卡片时，科目自动添入卡片中，不必再一个一个输入。

因本系统录入卡片时，只能选择明细级部门，所以设置折旧科目也只有给明细级部门设置才有意义。如果对某一上级部门设置了对应的折旧科目，下级部门继承上级部门的设置。

4. 资产类别设置

固定资产的种类繁多，规格不一，要强化固定资产管理，及时准确做好固定资产核算，必须科学地对固定资产进行分类，为核算和统计管理提供依据。

企业可根据自身的特点和管理要求，确定一个较为合理的资产分类方法。

5. 增减方式设置

增减方式包括增加方式和减少方式两类。资产增加或减少方式用以确定资产计价和处理原则。此外，明确资产的增加或减少方式可对固定资产增减的汇总管理做到心中有数。系统内置的增加方式有直接购买、投资者投入、捐赠、盘盈、在建工程转入、融资租入等6种，减少方式有出售、盘亏、投资转出、捐赠转出、报废、毁损、融资租出等7种。用友 ERP-U8 应用系统中固定资产的增减方式可以设置两级，用户可根据需要自行增加。

6. 使用状况设置

从固定资产核算和管理的角度，需要明确资产的使用状况，一方面可以正确地计算和计提折旧，另一方面便于统计固定资产的使用状况，提高资产的利用效率。主要的使用状况有在用、季节性停用、经营性出租、大修理停用、不需用、未使用等。

7. 折旧方法设置

折旧方法设置是系统自动计算折旧的基础。系统提供了常用的6种折旧方法：不提折旧、平均年限法（一和二）、工作量法、年数总和法、双倍余额递减法，并列出了它们的折旧计算公式。这几种方法是系统缺省的折旧方法，只能选用，不能删除或修改。由于各种原因，这几种方法可能不能满足需要，系统还提供了折旧方法的自定义功能，可以定义合适的折旧方法的名称和计算公式。

8. 卡片项目设置

卡片项目是资产卡片上要显示的用来记录资产信息的栏目，如原值、资产名称、使用年限、折旧方法等均是卡片最基本的项目。用友 ERP-U8 应用系统的固定资产子系统提供了一些常用卡片必须的项目，称为系统项目。由于不同的行业或单位，固定资产卡片的项目不尽相同，可以通过卡片项目定义中的增加、修改、删除功能来定义所需要的项目。定义的项目称为自定义项目。系统项目和自定义项目构成卡片的项目目录。在定义卡片样式时，把这些项目选择到样式中，就得到真正属于自己的卡片样式。

9. 卡片样式设置

卡片样式指卡片的整个外观，包括其格式（是否有表格线、对齐形式、字体大小、字型等）、所包含的项目和项目的位置。不同的企业或不同资产，由于管理的内容和侧重点可不同，固定资产卡片的样式不尽相同，系统提供卡片样式定义功能，增大灵活性。系统提供的卡片样式为通用样式。一般来说，如果要定义一个新的样式，通常是在通用卡片样式的基础上得到，以保证折旧的正确性。

77

6.2.3 原始卡片录入

固定资产卡片是固定资产核算和管理的基础依据。为保持历史资料的连续性，在使用固定资产系统进行核算前，除了前面必要的基础工作外，必须将建账日期以前的数据录入系统中，保持历史数据的连续性。

原始卡片的录入不限制必须在第一个期间结账前，任何时候都可以录入原始卡片。

原始卡片录入中有关栏目的说明如下：

（1）卡片编号：系统根据编码方案自动给出，不能修改。若删除某张卡片，且不是最后一张，系统将保留该卡片编号，并且不能再使用（会计制度规定删除的固定资产资料至少保存 5 年）。

（2）固定资产名称：所录卡片设名称。

（3）类别编号与类别名称：选择录入其中的一项，对应的另一项自动显示。

（4）部门名称：选择固定资产的使用部门。

（5）已计提月份：已经计提折旧的月份数，由系统根据开始使用日期自动算出。该项要正确填写，以后每计提折旧期间结账后，系统自动在该项加1。

（6）累计工作量（工作量法使用）：指资产累计已完成的工作量。每一期间结账后将该期间的工作量累加到期初数量上，录入时输入的数量是录入当期期初的值，不包括录入当月的工作量。

（7）原值：可以是原始价值、重置完全价值和评估价值。

（8）净残值率、净残值：自动带出所选定资产类别的净残值率，可以修改。净残值根据原值和净残值率自动计算。

（9）累计折旧：已计提的折旧额，不包括本期应计提的折旧。

（10）月折旧率、月折旧额、净值：根据原值和累计折旧自动计算。

（11）对应折旧科目：根据所选择的使用部门自动带出。

（12）单位折旧：指每一单位工作量在一个期间应提的折旧额。只有当折旧方法为工作量法时卡片上才有该项。

（13）项目：资产所服务或从属的项目，为企业按项目辅助核算归集费用或成本提供方便。

6.3 固定资产核算系统日常业务处理

固定资产的日常管理主要涉及企业平时的固定资产卡片管理、固定资产的增减管理以及固定资产的各种变动管理。

6.3.1 固定资产卡片管理

卡片管理是对固定资产系统中所有卡片进行综合管理的功能操作。通过卡片管理可完成卡片修改、卡片删除、卡片打印、卡片查询等。

1. 查询卡片

在卡片管理窗口中，系统提供以下方便的查询功能：

（1）查看固定资产分类信息

在"卡片管理"界面上方，提供卡片分类查询条件选择，分别有"按部门查询"、"按类别查询"和"自定义查询"。

①"按部门查询"是系统默认的分类方式。选择"按部门查询"，"卡片管理"界面左侧显示企业所有的部门，单击选中某个部门，右侧显示属于该部门的固定资产列表。在左侧目录树中选择最上级"固定资产部门编码目录"，右侧显示系统内所有的资产。

②选择"按类别查询"，左侧窗口中显示已设定的固定资产分类，单击选中某种分类，右侧显示属于该分类的固定资产列表。在左侧目录树中选择最上级"固定资产部门编码目录"，右侧显示系统内所有的资产。

③"自定义查询"是通过用户设置的自定义查询条件进行的。

（2）查看单张卡片信息

每一张卡片在固定资产列表中显示为一条记录行。通过这条记录行或快捷信息窗体（选择鼠标右键菜单中"显示快捷信息"，可显示固定资产卡片的主要信息，如原值、使用年限等）可查看该资产的简要信息。要查看详细情况，只需在卡片管理列表中选中要查看的卡片记录行，双击该记录行，既可打开"固定资产卡片"，显示该项固定资产的详细内容。

（3）查看资产变动清单

变动清单是按时间顺序记录的资产所有变动的列表。

（4）查看已减少资产

根据会计档案管理规定，已减少的资产数据要保留一定的时间以供查询。在固定资产账套选项中已定义了"已发生减少卡片可删除时限"，在此时限之前，系统提供对"已减少资产"查询功能。

（5）联查卡片图片

如果用户在选项设置中选择了"卡片联查图片"和图片存放路径，那么这里会显示图片按钮。单击图片按钮或选择右键菜单中的"显示图片预览"功能菜单，系统在选择的图片文件存放路径中，查找与光标当前行卡片编号相同的图片文件进行显示。

2. 修改卡片

当发现卡片有录入错误，或资产在使用过程中有必要修改卡片中的一些内容时，可通过卡片修改功能实现，这种修改为无痕迹修改，即在变动清单和查看历史状态下不体现，无痕迹修改前的内容在任何查看状态下都不能再看到。从卡片管理列表中双击要修改的卡片，单击【修改】按钮即可进行修改。

这里需要注意的是：

（1）原始卡片的原值、使用部门、工作总量、使用状况、累计折旧、净残值（率）、折旧方法、使用年限、资产类别在没有做变动单或评估单的情况下，在录入当月可无痕迹修改；如果做过变动单，只有删除变动单才能无痕迹修改；若各项目做过一次月末结账，则只能通过变动单或评估单调整，而不能通过卡片修改功能改变。

（2）通过资产增加录入系统的卡片如果没有制作凭证和变动单、评估单，录入当月可无痕迹修改。如果做过变动单，则只有删除变动单才能无痕迹修改。如果已制作凭证，要修改原值或累计折旧，则必须删除凭证后才能无痕迹修改。

（3）卡片上其他项目，任何时候均可无痕迹修改。

3. 删除卡片

删除卡片，是指把卡片资料彻底从系统内清除，不是资产清理或减少。该功能只有在下列两种情况下才有效：

（1）当月录入的卡片若有错误可以删除。在卡片管理界面双击要删除的卡片，单击【删除】按钮即可。删除后如果该卡片不是最后一张，卡片编号保留空号。

（2）通过"资产减少"功能减少的卡片资料，在其满足会计档案管理要求后可以将原始资料从系统彻底地清除，否则不允许删除。

需要注意的是：非本月录入的卡片，不能删除；卡片做过一次月末结账后不能删除。删除作过变动单或评估单的卡片时，系统提示先删除相关的变动单或评估单；删除已制作过凭证的卡片时，系统提示删除相应凭证，然后删除卡片。

4. 打印卡片

固定资产卡片可打印输出，既可打印单张卡片，也可批量打印卡片，还可打印卡片列表。

6.3.2　固定资产增减管理

1. 固定资产增加

企业会购进或通过其他方式增加企业资产。资产增加也是一种新卡片的录人，与原始卡片录入相对应。资产是通过"原始卡片录入"还是通过"资产增加"录入，取决于资产在本单位的开始使用日期。只有当开始使用日期的期间等于录入的期间时，才能通过"资产增加录入"。

固定资产增加在录入卡片时应注意以下事项：

（1）新卡片录入的第一个月不提折旧，折旧额为空或零；

（2）原值录入的必须是卡片录入月初的价值，否则将会出现计算错误；

（3）如果录入的累计折旧、累计工作量大于零，说明是旧资产，该累计折旧或累计工作量才是进入本单位前的值；

（4）已计提月份必须严格按照该资产在其他单位已经计提或估计已计提的月份数，不包括使用期间停用等不计提折旧的月份，否则不能正确计算折旧。

2. 固定资产减少

资产在使用过程中会由于各种原因（如毁损、出售、盘亏等）退出企业，此时要做资产减少处理。系统提供资产减少的批量操作，为同时清理一批资产提供方便。要减少资产有两种方法：

（1）单项资产减少录入。如果要减少的资产较少或没有共同点，则通过输入资产编号或卡片号，单击【增加】按钮，将资产添加到资产减少表中。

（2）批量资产减少录入。如果要减少的资产较多且有共同点，则通过单击【条件】按钮，屏幕显示的界面与卡片管理中自定义查询的条件查询界面一样。输入一些查询条件，将符合条件集合的资产挑选出来进行减少操作。

固定资产在减少处理时需要注意的事项：

（1）只有当账套开始计提折旧后才可以使用资产减少功能，否则，减少资产只有通过删除卡片来完成。

（2）对于误减少的资产，可以使用系统提供的纠错功能来恢复。只有当月减少的资产才可以恢复。如果资产减少操作已制作凭证，则必须删除凭证后才能恢复。

（3）只要卡片未被删除，就可以通过卡片管理中"已减少资产"来查看减少的资产。

3. 撤销已减少资产

撤销已减少资产的操作是一个纠错的功能，当月减少的资产可以通过本功能恢复。通过资产减少功能减少的资产只有在减少的当月可以恢复。

6.3.3　固定资产变动管理

资产在使用过程中可能会调整卡片上的某些项目，这种变动要求留下原始凭证，制作的原始凭证称为"变动单"。资产的变动包括原值变动、部门转

81

移、使用状况变动、使用年限调整、折旧方法调整、净残值（率）调整、工作总量调整、累计折旧调整、资产类别调整、变动单管理。其他项目的修改，如名称、编号、自定义项目等直接在卡片上进行。因为本月录入的卡片和本月增加的资产不允许进行变动处理，因此要进行下面的变动处理，必须先计提前一月份折旧并制单、结账后，再以下一年度期间登录到固定资产系统，才可进行下面的操作：

1. 原值变动

资产在使用过程中，原值变动有 5 种情况：

（1）根据国家规定对固定资产重新估价；

（2）增加补充设备或改良设备；

（3）将固定资产的一部分拆除；

（4）根据实际价值调整原来的暂估价值；

（5）发现原记录固定资产价值有误。

原值变动包括原值增加和原值减少两部分。减少资产的原值与增加资产原值是相对的，其操作方法类似，变动单保存后不能修改，只能在当月删除后重新填制，所以保存前要慎重。

2. 部门转移

资产在使用过程中，因内部调配而发生的部门变动应及时处理，否则将影响部门的折旧计算。

3. 使用状况变动

资产使用状况分为在用、未使用、不需用、停用、封存 5 种。资产在使用过程中可能会因为某种原因使资产的使用状况发生变化，这种变化会影响设备折旧的计算，因此应及时调整。

4. 使用年限调整

资产在使用过程中可能会由于资产的重估、大修等原因调整资产的使用年限。进行使用年限调整的资产在调整的当月就按调整后的使用年限计提折旧。

5. 折旧方法调整

一般来说，资产的折旧方法一年之内不应改变，但有特殊情况需调整的，可通过系统提供的"折旧方法调整"功能完成。

6. 累计折旧调整

由于上述折旧方法调整属于会计政策变更，根据企业会计制度的规定，应采用追溯调整法进行调整。而本系统只在当月按照新的方法计提折旧，以前期间的数据不能自动调整，只能手工调整累计折旧额。

7. 其他调整

其他项目的调整可参照上述方法进行。

8. 批量变动

为提高工作效率，用友 ERP-U8 应用系统还提供批量处理固定资产变动的功能，可通过"批量变动"功能完成。

9. 变动单管理

变动单管理可以对系统制作的变动单进行综合管理。需要注意的是，因为本系统遵循严格的序时管理，删除变动单必须从该资产制作的编号最大的变动单删起。

6.3.4 固定资产评估管理

随着市场经济的发展，企业在经营活动中根据业务需要或国家要求需要对部分资产或全部资产进行评估和重估，其中固定资产评估是资产评估的重要组成部分。

1. 固定资产评估管理的主要功能

用友 ERP-U8 应用系统提供对固定资产评估作业的管理，主要包括：

（1）将评估机构数据手工录入或定义公式录入到系统；

（2）根据国家要求手工录入评估结果或根据定义的评估公式生成评估结果；

（3）对评估单的管理。

本系统资产评估功能提供可评估的资产内容包括原值、累计折旧、净值、使用年限、工作总量、净残值率，可根据需要选择。

2. 资产评估管理应用

实施资产评估包括以下几个步骤：

（1）选择评估项目

进行资产评估时，每次要评估的内容可能不一样，可以根据需要从系统给定的可评估项目中选择。

（2）选择要评估的资产

每次要评估的资产也可能不同，可以采用手工选择或条件选择的方式挑出要评估的资产。

（3）录入评估数据

选择了评估项目和评估资产后，录入评估后数据或通过自定义公式生成评估后数据，系统生成评估单，评估单显示被评估资产所评估的项目在评估前和评估后的数据。

评估单完成后，卡片上的数据根据评估单而改变。当评估变动表中主体的原值和累计折旧的合计数与评估前的数据不相等时，通过制单将变动数据输送到账务系统。

6.4 固定资产核算系统期末处理

6.4.1 减值准备处理

1. 计提减值准备

企业应当在期末或至少在每年年度终了，对固定资产逐项进行检查。如果由于市价持续下跌、技术陈旧等原因导致其可回收金额低于账面价值，应当将可回收金额低于账面价值的差额作为固定资产减值准备。固定资产减值准备必须按单项资产计提。

2. 转回减值准备

若已计提的固定资产价值又得以恢复，应在原已计提的减值准备范围内转回。目前，在我国新会计准则中对资产减值准备的转回已作新的规定，即资产减值损失一经确认，在以后会计期间不得转回。

6.4.2 折旧处理

自动计提折旧是固定资产系统的主要功能之一。可以根据录入系统的资料，利用系统提供的"折旧计提"功能，对各项资产每期计提一次折旧，并自动生成折旧分配表，然后制作记账凭证，将本期的折旧费用自动登账。

影响折旧计提的因素有原值、减值准备、累计折旧、净残值（率）、折旧方法、使用年限、使用状况。

1. 工作量输入

当账套内的资产使用工作量法计提折旧时，每月计提折旧前必须录入资产当月的工作量。本功能提供当月工作量的录入和以前期间的工作量信息的查看。

2. 计提本月折旧

当开始计提折旧时，系统将自动计提所有资产当期折旧额，并将当期的折旧额自动累加到累计折旧项目中。计提工作完成后，需要进行折旧分配，形成折旧费用。系统除了自动生成折旧清单外，同时还生成折旧分配表，从而完成本期折旧费用登账工作。

计提折旧应遵循以下原则：

（1）在一个期间内可以多次计提折旧，每次计提折旧后，只是将计提的折旧累加到月初的累计折旧上，不会重复累计。

（2）若上次计提折旧已制单并传递到总账系统，则必须删除该凭证才能重新计提折旧。

（3）计提折旧后又对折旧账套进行了影响折旧计算或分配的操作，则必须重新计提折旧，否则系统不允许结账。

（4）若自定义的折旧方法月折旧率或月折旧额出现负数，系统自动中止计提。

（5）资产的使用部门和资产折旧要汇总的部门可能不同。为了加强资产管理，使用部门必须是明细部门，而折旧分配部门不一定分配到明细部门，不同的单位处理可能不同，因此要在计提折旧后分配折旧费用时作出选择。

3. 折旧清单

折旧清单显示所有应计提折旧的资产所计提折旧数额的列表，当期的折旧清单中列示了资产名称、计提原值、月折旧率、单位折旧、月工作量、月折旧额等信息。全年的折旧清单中同时列出了各资产在 12 个计提期间中月折旧额、本年累计折旧等信息。

4. 折旧分配表

折旧分配表是制作记账凭证，把计提折旧额分配到有关成本和费用的依据。折旧分配表有两种类型：类别折旧分配表和部门折旧分配表，只能选择一个制作记账凭证。什么时候生成分配表根据用户在初始化或选项中选择的折旧分配汇总周期确定。如果选定的是 1 个月，则每期计提折旧后自动生成折旧分配表；如果选定的是 3 个月，则只有到 3 的倍数的期间，即第 3、第 6、第 9、第 12 期间计提折旧后才自动生成折旧分配凭证。制作记账凭证要在生成折旧分配表后进行。

6.4.3 制单、对账与结账处理

1. 制作记账凭证

固定资产子系统和总账系统之间存在数据的自动传输关系，这种传输是通过记账凭证来完成的。本系统需要制作记账凭证的情况包括资产增加、减少、卡片修改（涉及原值和累计折旧时）、资产评估（涉及原值和累计折旧时）、原值变动、累计折旧调整以及折旧分配等。

制作记账凭证可以采取"立即制单"或"批量制单"两种方式实现。若在"选项"中设置了"业务发生后立即制单"，则以上需要制单的相关业务发生后系统自动调出不完整凭证供修改；如果在"选项"中未选取"业务发生后立即制单"，则可利用本系统提供的另一功能——批量制单完成制单工作。批量制单功能可同时将一批需要制单的业务连续制作凭证并传输到账务系统，避免了多次制单的繁琐。凡是业务发生当时没有制单的，该业务自动排列在批量制单表中，表中列示应制单而没有制单的业务发生的日期、类型、原始单据

号、缺省的借贷方科目和金额以及制单选择标志。

2. 查询、修改、删除凭证

本系统所产生的凭证的查询、修改和删除可通过"处理" | "凭证查询"功能完成，即固定资产系统传递到总账中的凭证，总账无权修改和删除，只能通过该功能进行删除；在修改凭证时，能修改的内容仅限于摘要、用户自行增加的凭证分类、系统缺省的分录的折旧科目，而系统缺省的分录的金额是与原始单据相关的，不能修改。

3. 对账

只有在初始化或选项中选择了与账务系统对账，才可使用本系统的对账功能。

为保证固定资产系统的资产价值与总账系统中固定资产科目的数值相等，可随时使用对账功能对两个系统进行审查。对账的操作不限制时间，任何时候都可以进行对账。系统在执行月末结账时自动对账一次，并给出对账结果。

4. 月末结账

当固定资产系统完成了本月全部制单业务后，可以进行月末结账。月末结账每月进行一次，结账后当期数据不能修改。

5. 恢复月末结账前状态

如果结账后发现有未处理的业务或者需要修改的事项，可通过系统提供的"恢复月末结账前状态"功能进行反结账。

6.4.4 账表管理

固定资产管理的任务是及时反映和监督企业固定资产的增加、调出、保管、使用及清理报废等情况，起到保护企业财产安全完整、充分发挥固定资产效能的作用，也便于成本计算。

固定资产管理过程中需要及时统计资产的各类信息，并以账和表的形式将这些信息提供给财务人员和资产管理人员。系统所提供的报表分为5类：分析表、统计表、账簿、折旧表、自定义报表，选择相应账表可查看各报表信息。同时，账表管理提供了强大的联查功能，将各类账表与部门、类别明细和原始单据等有机地联系起来，真正实现了方便、快捷的查询模式。

1. 分析表

分析表主要通过对固定资产的综合分析，为管理者提供管理和决策依据。系统提供了4种分析表：部门构成分析表、价值结构分析表、类别构成分析表、使用状况分析表。管理者可以通过这些表了解本企业资产计提折旧的程度和剩余价值的大小。

2. 统计表

统计表是出于管理资产的需要，按管理目的统计的数据。系统提供了8种统计表：固定资产原值一览表、固定资产到期提示表、固定资产统计表、评估汇总表、评估变动表、盘盈盘亏报告表、逾龄资产统计表、役龄资产统计表。这些表从不同的侧面对固定资产进行统计分析，使管理者可以全面了解企业资产管理、分布情况，为及时掌握资产的价值、数量以及新旧程度等指标提供依据。

3. 账簿

系统自动生成的账簿有单个固定资产明细账、部门明细账、类别明细账、固定资产登记簿、固定资产总账。这些账簿以不同方式，序时地反映资产变化情况，在查询过程中可联查某时期（部门、类别）明细及相应原始凭证，从而获得所需财务信息。

4. 折旧表

系统提供了5种折旧表：（部门）折旧计提汇总表，固定资产及累计折旧表（一）、（二），固定资产折旧计算明细表，固定资产折旧清单表。通过该表可以了解并掌握本企业所有资产本期、本年、某部门计提折旧及其明细情况。

（1）部门折旧计提汇总表

部门折旧计提汇总表反映该账套内各使用部门计提折旧的情况，包括计提原值和计算的折旧额信息。

该表既可选择某一个月份汇总折旧数据，又可选择期间段进行查询。如果用户选择期间段数据，如选择2~3月，则报表栏目中隐藏"计提原值"列，仅显示按期间段汇总的"折旧额"数据，并且不允许联查明细账。

（2）固定资产折旧清单表

固定资产折旧清单表用于查询按资产明细列示的折旧数据及累计折旧数据信息，以完善系统报表查询功能。该报表可以按部门、资产类别查询固定资产的明细折旧数据信息。

（3）固定资产折旧计算明细表

折旧计算明细表是按类别设立的，反映资产按类别计算折旧的情况，包括上月计提情况、上月原值变动和本月计提情况。

（4）固定资产及累计折旧表（一）

固定资产及累计折旧表（一）是按期编制的反映各类固定资产的原值、累计折旧（包括年初数和期末数）和本年折旧的明细情况。

（5）固定资产及累计折旧表（二）

本表是固定资产及累计折旧表（一）的续表，反映本年截止到查询期间固定资产的增减情况。本表与表（一）的数值之间是有联系的，它们之间的关系可用公式描述：

固定资产原值期末数合计 = 原值年初数合计 + 本年增加的原值合计 − 本年
减少的原值合计

固定资产累计折旧期末数合计 = 累计折旧年初数合计 + 本年折旧额合计 +
本年增加累计折旧合计 − 本年减少累计折
旧合计

但上述公式不是绝对成立的，如在资产发生原值变动情况下，表（一）反映该变动，而表（二）不反映。

5. 自定义报表

当系统提供的报表不满足企业要求时，可以自己定义报表，存放在自定义账夹中。

6. 图形分析

所谓图形分析，是将报表中的数据用图形反映出来。可进行图形分析的报表有固定资产总账、部门折旧计提汇总表、固定资产使用状况分析表、固定资产部门构成分析表、固定资产及累计折旧表（二）。

6.5　固定资产核算系统数据维护

6.5.1　数据接口管理

如果用户在使用用友 ERP-U8 固定资产核算系统之前已经使用了固定资产核算系统，那么利用数据接口管理功能可以方便地将已有的资产卡片数据导入到本系统中，以减少手工卡片录入的工作量，提高工作效率。

卡片引入分两步实现：第一步是数据导入，即将所需要的数据导入临时表中，数据导入后可以查看已经导入临时表的数据内容；第二步是写入系统，写入系统是将导入临时表的数据写入系统当前账套。

导入卡片时，如果数据源为非用友 ERP-U8 数据库，提供文本文件、DBASE 文件和 ACCESS 文件 3 种文件格式的导入；如果数据库为用友 ERP-U8 数据库，提供 ACCESS 和 SQL Server 2 种数据库文件的导入。

6.5.2　重新初始化账套

如果系统正常运行后发现账套错误很多或太乱，无法通过"设置" | "选项"纠错，那么可以选择"维护" | "重新初始化账套"功能将该账套内容全部清空，然后重新建账。

重新初始化账套是对打开的账套而言。执行重新初始化账套会删除对该账套所做的所有操作，因此要慎用。

89

第七章 UFO 报表系统

7.1 UFO 报表系统的基本内容

7.1.1 UFO 报表系统的基本功能

UFO（Users' Friend Office）报表系统是用友公司 ERP-U8 系统中的一个独立子系统，利用它可以为企业提供综合反映企业一定日期财务状况和一定时期经营成果及现金流量情况的会计信息。它具有较强的文件管理、格式管理、数据处理、图表处理功能。此外，它还具有二次开发功能，完全实现了三维立体表的四维处理功能。

UFO 报表系统既可以通过设计报表格式和定义报表公式，从总账系统或其他子系统中取得有关会计数据，自动编制各种会计报表，又可以利用 UFO 报表系统提供的 19 个行业的标准财务报表模板，直接调用所需报表模板，完成报表的编制工作。

7.1.2 报表管理系统的基本业务处理流程

报表管理系统的基本业务处理流程如图 7-1 所示。

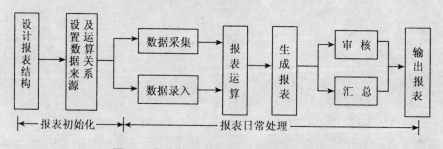

图 7-1 报表管理系统的基本业务处理流程

7.1.3 UFO 报表系统与其他系统的主要关系

UFO 报表系统主要是从其他系统中提取编制报表所需的数据。总账、工资、固定资产、应收、应付、财务分析、采购、库存、存货核算和销售子系统均可向报表子系统传递数据，以生成财务部门所需的各种会计报表。

7.1.4 UFO 报表系统中的基本术语

1. 格式状态和数据状态

UFO 报表将含有数据的报表分为两大部分来处理，即报表格式设计工作与报表数据处理工作。报表格式设计工作和报表数据处理工作是在不同的状态下进行的。实现状态切换的是一个特别重要的按钮【格式丨数据】按钮。点击这个按钮可以在格式状态和数据状态之间切换。

（1）格式状态

在格式状态下设计报表的格式，如表尺寸、行高列宽、单元属性、单元风格、组合单元、关键字、可变区等。报表的三类公式：单元公式（计算公式）、审核公式、舍位平衡公式也在格式状态下定义。

在格式状态下所做的操作对本报表所有的表页都发生作用。在格式状态下不能进行数据的录入、计算等操作。

在格式状态下所看到的是报表的格式，报表的数据全部都隐藏了。

（2）数据状态

在数据状态下管理报表的数据，如输入数据、增加或删除表页、审核、舍位平衡、做图形、汇总、合并报表等。在数据状态下不能修改报表的格式。

在数据状态下看到的是报表的全部内容，包括格式和数据。

2. 单元

单元是组成报表的最小单位，单元名称由所在行、列标识。行号用数字 1～9999 表示，列标用字母 A～IU 表示。例如，C18 表示第 3 列第 18 行的那个单元。一个单元中最多可输入 63 个字符或 31 个汉字。

单元有以下 3 种类型：

（1）数值单元：是报表的数据，在数据状态下（【格式丨数据】按钮显示为"数据"时）输入。数值单元的内容可以是 $1.7*（10E-308）～1.7*（10E+308）$ 之间的任何数（15 位有效数字），数字可以直接输入或由单元中存放的单元公式运算生成。建立一个新表时，所有单元的类型缺省为数值。

（2）字符单元：是报表的数据，在数据状态下（【格式丨数据】按钮显示为"数据"时）输入。字符单元的内容可以是汉字、字母、数字及各种键盘可输入的符号组成的一串字符。一个单元中最多可输入 63 个字符或 31 个汉字。字符单元的内容也可由单元公式生成。

（3）表样单元：是报表的格式，是定义一个没有数据的空表所需的所有文字、符号或数字。一旦单元被定义为表样，那么在其中输入的内容对所有表页都有效。表样在格式状态下（【格式 | 数据】按钮显示为"格式"时）输入和修改，在数据状态下（【格式 | 数据】按钮显示为"数据"时）不允许修改。

3. 组合单元

组合单元由相邻的两个或更多的单元组成，这些单元必须是同一种单元类型（表样、数值、字符）。UFO 在处理报表时将组合单元视为一个单元。

可以组合同一行相邻的几个单元，可以组合同一列相邻的几个单元，也可以把一个多行多列的平面区域设为一个组合单元。

组合单元的名称可以用区域的名称或区域中的单元的名称来表示。

例如，把 B2 到 B3 定义为一个组合单元，这个组合单元可以用"B2"、"B3"或"B2：B3"表示。

4. 区域

区域由一张表页上的一组单元组成，自起点单元至终点单元是一个完整的长方形矩阵。在 UFO 中，区域是二维的，最大的区域是一个二维表的所有单元（整个表页），最小的区域是一个单元。

5. 表页

一个 UFO 报表最多可容纳 99 999 张表页，每一张表页是由许多单元组成的。一个报表中的所有表页具有相同的格式，但其中的数据不同。表页在报表中的序号在表页的下方以标签的形式出现，称为"页标"。页标用"第 1 页"～"第 99999 页"表示。

6. 维、二维表、三维表

确定某一数据位置的要素称为"维"。在一张有方格的纸上填写一个数，这个数的位置可通过行和列（二维）来描述。

如果将一张有方格的纸称为表，那么这个表就是二维表，通过行（横轴）和列（纵轴）可以找到这个二维表中的任何位置的数据。

如果将多个相同的二维表叠在一起，找到某一个数据的要素需增加一个，即表页号（Z 轴）。这一叠表称为一个三维表。

如果将多个不同的三维表放在一起，要从这多个三维表中找到一个数据，又需增加一个要素，即表名。三维表中的表间操作即称为"四维运算"。

7. 关键字

关键字是游离于单元之外的特殊数据单元，可以唯一标识一个表页，用于在大量表页中快速选择表页。

UFO 共提供了以下 6 种关键字：

● 单位名称：字符（最大 28 个字符），为该报表表页编制单位的名称。
● 单位编号：字符型（最大 10 个字符），为该报表表页编制单位的编号。
● 年：数字型（1980～2099），为该报表表页反映的年度。
● 季：数字型（1～4），为该报表表页反映的季度。
● 月：数字型（1～12），为该报表表页反映的月份。
● 日：数字型（1～31），为该报表表页反映的日期。

除此之外，UFO 有自定义关键字功能，可以用于业务函数中。

关键字的显示位置在格式状态下设置，关键字的值则在数据状态下录入，每个报表可以定义多个关键字。

7.2 报表格式设计

UFO 报表系统基础设置一般包括创建新的会计报表、报表格式设计、报表公式定义等。UFO 报表系统在格式状态下设计报表的表样，如表尺寸大小、行高列宽、单元属性、组合单元、关键字等；在格式状态下定义报表的公式，如单元公式、审核公式、舍位平衡公式等。

7.2.1 表样设计

启动并进入"UFO 报表"管理系统后，即可创建一个新的会计报表文件，创建报表文件的作用主要是规定报表名，UFO 报表系统中的每一个报表必须有唯一的报表名，以便系统调用和管理各个报表。UFO 建立的是一个报表簿，可容纳多张报表。

定义一张报表，首先应该定义报表数据的载体——报表格式。报表格式设计是制作报表的基本步骤，它决定了整张报表的外观和结构。会计报表格式设置的主要内容有：设置报表大小、画表格线、标题、表日期、表头、表尾和表体固定栏目的内容、设置单元属性等。

1. 定义表尺寸

定义表尺寸是指设置报表的总行数和总列数。报表行数应包括报表的标题、表头、表体和表尾所占的所有行数。

2. 定义行高与列宽

行高应与该行字符的大小相匹配，列宽应以能放下该列最宽数据为原则，否则生成报表时会产生数据溢出的错误。

3. 画表格线

报表的尺寸设置完成之后，在数据状态下，该报表是没有任何表格线的，所以为了满足查询和打印的需要，还需要在报表上画表格线。

4. 定义组合单元

报表中有些内容如标题、编制单位、日期等信息可能用一个单元容纳不下，为了实现这些内容的输入和显示，需要把几个单元格组合成一个单元来使用。

5. 定义报表关键字

定义关键字主要包括设置关键字和调整关键字在表页上的位置。会计报表的关键字主要有6种：单位名称、单位编号、年、季、月、日，另外还可以根据自己的需要设置相应的关键字。一个关键字在该表中只能定义一次，即同表中不能有重复的关键字。关键字在格式状态下设置，关键字的值则在数据状态下录入。

6. 定义关键字偏移

关键字的位置是指关键字在某单元或组合单元中的起始位置。如果对定义的关键字所在位置不满意，可以执行"数据"｜"关键字"｜"偏移"命令来进行调整，在"定义关键字偏移"对话框中输入关键字的相对偏移量，偏移量负数值表示向左移，正数值表示向右移。

7. 输入表间项目

报表表间项目指报表的文字内容，主要包括表头内容、表体项目和表尾项目等。其操作方法是直接在需要输入内容的单元输入相关文字内容即可。

7.2.2 报表公式设计

报表公式指报表或报表数据单元的计算规则。在 UFO 表中，由于各种账表之间存在着密切的数据逻辑关系，所以报表中各种数据的采集、运算就用到了不同的公式。会计报表公式主要有计算公式和非计算公式，计算公式有单元公式；非计算公式有审核公式、舍位平衡公式等。

1. 单元公式

单元公式是为报表数据单元进行赋值的公式。单元公式的作用是从账簿、凭证、本表或其他报表等处调用、运算所需的数据，并填入相应的报表单元中。单元公式一般由目标单元、运算符、函数和运算符序列组成。

常用的会计报表数据一般是来源于总账系统或报表系统本身，取自于报表的数据又可以分为从本表取数和从其他报表的表页取数。

（1）账务取数公式

账务取数是会计报表数据的主要来源。账务取数公式是报表系统中使用最为频繁的一类公式。账务取数公式的基本格式为：

函数名("科目编码",会计期间,["方向"],[账套号],[会计年度],[编码

1], [编码2]),有关项目说明如下:

- 科目编码可以是科目名称,且必须用双引号括起来;
- 会计期间可以是"年"、"季"、"月"等变量,也可以是具体的数字;
- 方向可以省略;
- 账套号为数字,默认时为第一套账;
- 会计年度可以省略;
- [编码1],[编码2]与科目编码的核算账类有关,可以取科目的辅助账,如无辅助核算则省略。

主要账务取数函数如表7-1所示。

表7-1　　　　　　　　　　　主要账务取数函数表

函数名	金额式	数量式	外币式
期初额函数	QC ( )	SQC ( )	WQC ( )
期末额函数	QM ( )	SQM ( )	WQM ( )
发生额函数	FS ( )	SFS ( )	WFS ( )
累计发生额函数	LFS ( )	SLFS ( )	WLFS ( )
条件发生额函数	TFS ( )	STFS ( )	WTFS ( )
对方科目发生额函数	DFS ( )	SDFS ( )	WDFS ( )
净额函数	JE ( )	SJE ( )	WJE ( )

(2) 表页内部计算公式

表页内部计算公式用于在本表页内的指定区域内进行求和、求平均值、计数、求最大值、求最小值等统计结果的运算。主要实现表页中相关数据的计算、统计功能。应用时,要按所求的统计量选择公式的函数名和统计区域。本表页主要取数函数如7-2所示。

表7-2　　　　　　　　　　　本表页主要取数函数表

求和	PTOTAL ( )	最大值	PMAX ( )
平均值	PAVG ( )	最小值	PMIN ( )
计 数	PCOUNT ( )	方 差	PVAR ( )
		偏方差	PSTD ( )

(3) 本表他页取数计算公式

本表他页取数计算公式是指同一报表文件中不同报表（表页）之间通过数据连接获取数据。对于取自于本表他页的数据可以利用某个关键字作为表页定位的依据，或直接以页标号作为定位依据，指定取某个表页的数据。

取确定页号表页的数据：

格式：＜目标区域＞＝＜数据源区域＞@＜页号＞

例如，B1＝D5@1，表示当前页 B1 单元取当前表第一页 D5 单元的值。

利用 SELECT 函数从本表他页取数：

例如，利润表 D 列的本年累计值数据是本月利润表 C 列加上上个月利润表 D 列的值，则公式可设为：

D＝SELECT（D，月@＝月＋1）＋C。

（4）报表之间取数公式

报表之间取数公式即他表取数公式，用于从另一报表某期间某页中某个或某些单元中采集数据。对于取自于其他报表的数据，可以用"报表［.REP］->单元"格式指定要取数的某张报表的单元。其表示方法为

格式：＜目标区域＞＝"＜报表名［.REP］＞"->＜数据源区域＞［@＜页号＞］。

当＜页号＞缺省时为本表各页分别取他表各页的数据。

2. 审核公式

会计报表中的每个数据之间一般都存在某种勾稽关系。为保证报表数据的正确无误，依据这些勾稽关系可以定义审核公式对报表数据进行检查。

审核公式由验证关系公式和提示信息组成。定义报表审核公式，首先要分析报表中各单元之间的关系，用来确定审核关系，然后根据确定的审核关系定义审核公式。其中审核关系必须正确，否则审核公式会起到相反的效果。

审核公式格式：

＜算术或单元表达式＞ ＜逻辑运算符＞ ＜算术或单元表达式＞［MESS"说明信息"］。

逻辑运算符有：＝　＞　＜　＞＝　＜＝　＜＞

3. 舍位平衡公式

在报表汇总时，各个报表的数据计量单位有可能不统一，这时需将报表的数据进行位数转换。如将"元"单位转换为"千元"或"万元"单位，这种操作称为进位操作。进位操作以后，原来的平衡关系会破坏，因此需对进位后的数据平衡关系进行调整，使其符合相关的平衡原理。这种用于对报表数据进位及重新调整报表进位之后平衡关系的公式称为舍位平衡公式。

定义舍位平衡公式需要指明要舍位的表名、舍位范围以及舍位位数，并且必须输入平衡公式。

在输入平衡公式时，需要注意以下几点：

- 输入平衡公式时，每个公式一行，各公式之间用逗号"，"隔开，最后一个公式不用写逗号；
- 公式中只能使用"＋""－"符号，不能使用其他运算符及函数；
- 等号左边只能为一个单元（不带页号和表名）；
- 一个单元只允许在等号右边出现一次。

7.3 报表数据处理

报表数据处理主要包括生成报表数据、审核报表数据和舍位平衡操作等工作，数据处理工作必须在数据状态下进行。处理时，计算机会根据已定义的单元公式、审核公式和舍位平衡公式自动进行取数、审核及舍位等操作。

7.3.1 生成报表

生成报表又称为编制报表。生成报表的过程是计算机利用已经设置好的报表结构和运算公式，从相应的数据源中采集数据，填入相应单元格的过程。

1. 录入关键字

录入关键字是对会计报表进行标识。在格式状态下设置关键字，在数据状态下录入关键字的值。

2. 整表重算

报表计算是系统根据已经定义好的单元公式将报表中各项目的数据进行自动计算，并填入相应单元格内。

在进行报表计算时，可以选择整表计算或表页重算。整表计算是将该表的所有表页全部进行计算，而表页重算仅对当前表页的数据进行计算。

7.3.2 审核报表

审核报表是系统按照已经设置好的审核公式，对已经生成的报表进行检查，以验证其正确与否。

在实际应用中，只要报表中数据发生变化，都必须进行审核。通过审核不仅可以找出一张报表内部的问题，还可以找出不同报表文件中的问题。执行审核命令时，系统将自动按审核公式逐条审核表内关系，当报表数据不符合勾稽关系时，系统会有提示信息出现，按照提示信息修改报表数据后，重新进行审核，直到不出现任何提示信息为止。

7.3.3 报表舍位操作

报表的舍位操作不是必须的,只有在报表汇总或合并时,将各个报表的不同数据单位进行统一时才需要进行舍位操作。

进行舍位操作时,可在和功能中单击舍位平衡操作,系统按定义的舍位关系对指定区域的数据进行舍位,并按平衡公式对舍位后的数据进行调整使其平衡,然后将经舍位平衡处理后的数据存入指定的新表中去,并将舍位后的报表置于当前活动报表。

7.4 报表模板

在会计报表系统中,一般都提供了多种常用的会计报表格式及公式,称为报表模板。在每个模板中详细设计了该报表的格式与公式以及修饰。报表模板功能主要包括生成常用报表模板及调用报表模板。

7.4.1 生成常用报表模板

UFO 报表系统可根据用户默认账套的行业性质,自动生成资产负债表、损益表、现金流量表以及与该行业性质相关的其他报表。在单击该功能之前,要确定是否在进入系统时正确设置了本单位的账套行业性质。

7.4.2 调用报表模板

调用系统已有的报表模板时,如果该报表模板与企业需要的报表格式或公式不完全一致,在此基础上进行修改即可得到所需要的报表格式和公式。

7.5 报表管理与图表功能

7.5.1 表页管理、格式管理与数据管理

1. 表页管理

(1) 增加表页

在报表中增加表页有追加和插入两种方式。追加表页时,执行"编辑"|"追加"|"表页"命令,在"追加表页"对话框设置要追加的表页数量,就可以在当前表页后面增加新的表页。插入表页时,执行"编辑"|"插入"|"表页"命令,则是在当前表页前面增加新的表页。

(2) 交换表页

交换表页是将指定的任何表页中的全部数据进行交换。交换表页数据时，执行"编辑"｜"交换"｜"表页"命令，在"交换表页"对话框中输入源页号和目标页号，单击【确定】按钮即可完成数据交换操作。

（3）删除表页

删除表页是将指定的整个表页删除，删除表页后，报表的表页数则相应减少。需要删除表页时，执行"编辑"｜"删除"｜"表页"命令，在"删除表页"对话框中输入需要删除的表页号及删除条件即可。

（4）表页排序

表页排序是按照关键字的值或者按报表中任何一个单元的值重新排列表页。按照表页关键字值排序时，空值表页在按"递增"方式排序里排在最前面。有关的关键值分别是："第一关键值"指根据指定内容对表页进行排序；"第二关键值"指当有与表页的第一关键值相等时，按照此关键值排列；"第三关键值"指当有多张表页用第一关键值和第二关键值还不能排列时，按照第三关键值排列。

2. 报表格式管理

当用户在日常使用报表时发现格式设计有误或一些表格需要变动时，可以通过以下方法进行修改。

（1）插入行（列）

在格式状态下，把当前单元移动到想要插入行的位置上，执行"编辑"｜"插入"｜"行"（列）命令，在"插入数量"编辑框中输入要插入的行（列）数即可。

（2）追加行（列）

在格式状态下，执行"编辑"｜"追加"｜"行"（列）命令，在"追加数量"编辑框中输入要追加的行（列）数即可。

（3）交换行（列）

在格式状态下，执行"编辑"｜"交换"｜"行"（列）命令，在"交换"对话框中的"源行（列）号"和"目标行（列）号"编辑框中输入两个要互相交换位置的行（列）号，可以一次交换多个行（列），多个行（列）号之间用"，"隔开。

3. 数据管理

（1）数据透视

在 UFO 中，大量的数据是以表页的形式存在的，正常情况下每次只能看到一张表页上的数据。要想对各个表页的数据进行比较，可以利用数据透视功能，把多张表页的多个区域的数据显示在一个平面上。

（2）报表汇总

报表汇总是报表数据不同形式的叠加。UFO 报表系统可以将一个报表中的多个表页数据汇总到一个表页中，还可以将报表中的可变区数据进行汇总叠加。

（3）报表的保护

在实际工作中，会计报表数据是需要保密的，为了防止某些文件或报表格式被其他人员随意打开或改动，系统提供了文件口令和格式加解锁功能对已编制好的报表文件进行保护。

①文件口令。如果报表需要限制访问权限，可以为报表增加文件口令。在打开一个有口令的报表时，必须输入正确的口令才能打开该报表。

②格式加（解）锁。对于某些报表格式，一旦设计好后基本不变，对它们进行加（解）锁，可以灵活管理报表样板。报表格式加锁后，想要进入格式状态修改格式必须输入正确口令。如果口令有误，则不能进入格式状态，只能在数据状态下操作。格式的加（解）锁，也就是对报表样板设置或取消口令。

7.5.2　图表管理

UFO 报表系统中提供了图表功能，利用图表可以将报表数据中所包含的经济含义以图表的形式直观地反映出来。UFO 图表格式提供了直方图、圆饼图、折线图、面积图 4 大类共 10 种格式的图表。

图表是利用报表文件中的数据生成的，它的存在依附于源数据所在的报表文件，只有打开报表文件后，才能打开有关的图表。报表文件被删除之后，由该报表文件中的数据生成的图表也同时删除。

进行图表分析管理时，可以通过图表对象来管理，也可以在图表窗口将图表专门作为图表文件来管理。要根据已有的数据生成图表，一般需要经过以下几个步骤完成。

1. 追加图形显示区域

图表对象和其他数据一样需要占用一定的报表区域，由于在报表格式设置时一般没有为图形预留空间，如果不增加图形显示区域，插入的图像会和报表数据重叠在一起，因此一般需要增加若干行或列，作为专门的图形显示区域。

2. 选取数据区域

插入的图表并不是孤立存在的，它依赖报表的数据而存在，反映报表指定区域中数据的对比关系，所以在插入图表对象之前必须事先选择图表对象反映的数据区域。

3. 插入图表

图表对象实际上是报表的特殊数据，图表对象的组成包括主标题、X 轴标题、Y 轴标题、X 轴标注、Y 轴标注、单位、图例、关键字标识等内容。图表对象可以在报表的任意区域插入，一般为了不与报表的数据重叠，可以将图表对象插入事先增加的图形显示区域内。

7.5.3 报表的打印输出

报表输出形式一般有屏幕查询、网络传送、打印输出和磁盘输出等几种形式。

1. 屏幕查询

屏幕查询既可以对当前正在编制的报表予以查询，还可以对历史报表进行查询。查询过程中既可以以整张表页的形式输出，又可以将多张表页的局部内容同时输出。

2. 网络传送

网络传送是通过计算机网络将各种报表从一个工作站传递到另一个或几个工作站的报表传输方式。使用这种方式进行报表传输，可以在各自的计算机上方便、快捷地查看报表。这样可以大大提高会计数据的时效性、准确性和安全性，并且节省报表报送过程中的人力、财力、物力。

3. 打印输出

报表制作好了以后，除了保存在机内形成报表文件，还需要以纸介质的形式打印输出，提供给报表使用者，以便他们直观查看。但在打印之前需做好打印机的有关设置，以及报表页面的有关设置。

4. 磁盘输出

磁盘输出是将报表以文件的形式输出到磁盘上。此类方式对于下级向上级报送数据，进行数据汇总是一种行之有效的办法。

101

第八章 应收款管理系统

应收款是企业资产的一个重要组成部分，是在企业正常经营活动中，由于销售商品、产品或提供劳务，而应向购货单位或接受劳务单位收取的款项。企业除对应收账款进行核算以外还要加强对客户信用额度的管理、应收票据的管理、坏账损失的处理，要对预收款及其他业务往来进行记录，简单的核算统计已经不能满足现代企业的发展需要。用友 ERP-U8 应用系统，在应收款管理方面提供了强大的功能，可供企业详尽记录应收账款款项来源，使企业及时、准确地对应收账款进行收款冲销，并提供实时的跟踪，考核客户信用，提高资金运转速度。

8.1 应收款管理系统的基本内容

应收款管理系统主要用于核算和管理企业与客户之间的往来款项，一方面，对销售业务、其他的应收业务产生的应收款项以及对这些应收款项的收回进行处理，及时提供客户的往来账款余额资料；另一方面，应收款管理系统还提供各种分析报表，如账龄分析表、欠款分析、周转分析、回款情况分析等，通过各种分析数据，为企业制订销售政策提供依据，从而提高企业财务管理能力。

8.1.1 应收款管理系统功能概述

应收款管理系统主要实现企业与客户业务往来账款的核算与管理，在应收款管理系统中，以销售发票、费用单、其他应收单等原始单据为依据，记录销售业务及其他业务所形成的往来款项，处理应收款项的收回、坏账、转账等情况；提供票据处理的功能，实现对应收票据的管理。

根据对客户往来款项核算和管理的程度不同，系统提供了"详细核算"和"简单核算"两种应用方案。不同的应用方案，其系统功能、产品接口、操作流程等均不相同。

1. "详细核算"应用方案

如果在企业销售业务中应收款核算与管理内容比较复杂，需要追踪到每一笔业务的应收款、收款等情况，并希望对应收款项进行各种分析，或者需要将应收款项核算到产品一级，那么可选择该方案。

采用"详细核算"应用方案，系统能提供以下功能：

（1）记录应收款项的形成。包括由于商品交易和非商品交易所形成的所有应收项目。

（2）处理应收项目的收款及转账情况。

（3）对应收票据进行记录和管理。

（4）在应收项目的处理过程自动生成凭证，并向总账传递凭证。

（5）对外币业务及汇兑损益进行处理。

（6）提供针对多种条件的各种查询及分析。

本章有关内容均以"详细核算"应用方案为标准展开。

2. "简单核算"应用方案

如果销售业务中应收账款业务并不十分复杂，或者现销业务很多，则可以选择"简单核算"应用方案。在该方案中，应收系统只是连接总账与业务系统的一座桥梁，即只是对销售系统生成的发票进行审核并生成应收款凭证传递到总账，而不能对发票进行其他的处理，也不能对往来明细进行实时查询、分析。因此，往来明细只能在总账中进行简单的查询。

在该方案下，其主要功能包括：

（1）接收销售系统的发票，对其进行审核。

（2）对销售发票进行制单处理，传递给总账。

具体选择哪一种方案，可以在应收款管理系统的选项中通过设置"应收账款核算模型"来设置。

8.1.2 应收款管理系统与其他系统的主要关系

应用"详细核算"方案时应收款管理系统与其他系统的关系如图 8-1 所示。

销售系统向应收款管理系统提供已复核的销售发票、销售调拨单以及代垫费用单，在应收款管理系统对发票进行审核并据以进行收款结算处理、生成凭证。应收款管理系统为销售系统提供销售发票、销售调拨单的收款结算情况以及代垫费用的核销情况。

应收款管理系统向总账系统传递凭证，并能够查询其所生成的凭证。

应收款管理系统与应付款管理系统之间可以进行转账处理，如应收冲应付；同时对于既是客户又是供应商的往来业务对象，可以同时查询应收和应付往来明细。

应收款管理系统可以向财务分析系统提供各种分析的数据。

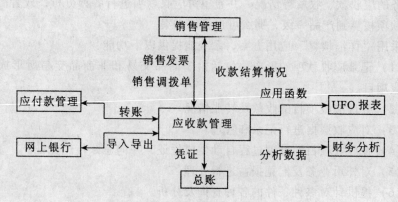

图 8-1　应收款管理系统与其他系统的主要关系

应收款管理系统向 UFO 提供应用函数。

应收款管理系统与网上银行进行付款单的导入和导出。

8.2　应收款管理系统初始化

系统初始化是指手工记账和计算机记账的交接过程。在启动应收款管理系统后、进行正常的应收业务处理前，应根据企业核算要求和实际业务情况进行有关的设置，主要内容包括选项设置、初始设置、基础档案、单据设置、期初余额录入等。

8.2.1　系统启用

1. 启用

启用应收款管理系统有两种方法，一是在建账完毕后直接进入系统启用设置进行应收款管理系统的启用；二是通过企业门户中的"基础信息"进入"系统启用"功能进行启用设置。

在启用应收款管理系统时应注意以下几个方面：

● 各系统的启用会计期间必须大于或等于账套的启用期间。

● 只有系统管理员和账套主管有系统启用权限。

2. 启动与注册

启动应收款管理系统时，可以选择从"开始"菜单启动；也可以先注册进入企业门户，然后通过企业门户进入应收款管理系统。

3. 期初数据的准备

为便于应收系统初始化，应该准备如下数据和资料：

（1）设置客户的分类方式，以便于按照分类进行各种统计分析。例如，按客户的性质，可将客户分为工业企业、商业企业和其他客户3类。

（2）设置存货的分类方式，以便于按照分类进行各种统计分析。例如，将所有的存货分为原材料、产成品、半成品、应税劳务、低值易耗品等几类。

（3）应准备与本单位有业务往来的所有客户的详细资料和用于销售的存货详细资料。如客户名称、地址、联系电话、开户银行、信用额度、最后的交易情况等，以及存货的名称、规格型号、价格、成本等数据。

（4）准备其他相关信息，例如，会计科目、企业结算方式、部门档案、职员档案。

（5）需要整理系统启用前所有客户的应收账款、预收账款、应收票据等数据。这些期初数据最好能够精确到某一笔具体的发票或业务。

8.2.2 设置账套参数

在运行应收款管理系统前，应在"选项"中设置运行所需要的账套参数，以便系统根据所设定的选项进行相应的处理。

设置账套参数时，单击"设置" | "选项"，打开"账套参数设置"对话框，其中包括三个页签：常规、凭证、权限与预警。

1. 常规页签各选项设置

在常规页签界面下，需要说明的有关栏目有：

（1）应收款核销方式：系统提供了两种应收款核销方式，即按单据和按产品。

● 按单据核销：系统将满足条件的未结算单据全部列出，选择要结算的单据，根据所选择的单据进行核销。

● 按产品核销：系统将满足条件的未核销发票、应收单按产品列出，选择要结算的产品，根据所选择的记录进行核销。

（2）单据审核日期：系统提供两种确认单据审核日期的依据，即单据日期和业务日期。

● 单据日期：在单据处理功能中进行单据审核时，自动将单据的审核日期（即入账日期）记为该单据的单据日期。

● 业务日期：在单据处理功能中进行单据审核时，自动将单据的审核日期（即入账日期）记为当前业务日期（即登录日期）。

（3）汇兑损益方式：系统提供两种汇兑损益方式，即外币余额结清时计算和月末处理。

● 外币余额结清时计算：仅当某种外币余额结清时才计算汇兑损益，在计算汇兑损益时，界面中仅显示外币余额为0且本币余额不为0的外币单据。

- 月末计算：每个月末计算汇兑损益，在计算汇兑损益时，界面中显示所有外币余额不为 0 或者本币余额不为 0 的外币单据。

（4）坏账处理方式：系统提供两种坏账处理方式，备抵法和直接转销法。

- 备抵法：系统提供了三种备抵的方法，即应收余额百分比法、销售收入百分比法、账龄分析法。这三种方法均需要在初始设置中录入坏账准备期初和计提比例或输入账龄区间等，并在坏账处理中进行后续处理。
- 直接转销法：当坏账发生时，直接在坏账发生的当期将应收账款转为费用。

（5）代垫费用类型：代垫费用类型解决从销售系统传递过来的代垫费用单在应收系统用何种单据类型进行接收的问题。系统默认为其他应收单，可以在"设置" | "初始设置" | "单据类型设置"中自行定义单据类型，然后在此进行选择。

（6）应收账款核算类型：系统提供两种应收账款的应用模型，即简单核算和详细核算。

（7）是否自动计算现金折扣：为了鼓励客户在信用期间内提前付款而采用现金折扣政策，可选择自动计算现金折扣。

选择自动计算需要在发票或应收单中输入付款条件，则在核销处理界面中系统依据付款条件自动计算该发票或应收单可享受折扣，可输入本次折扣进行结算，则原币余额 = 原币金额 - 本次结算金额 - 本次折扣。

（8）是否进行远程应用：选择了进行远程应用，则系统在后续处理中提供远程传输收款单的功能。

（9）是否登记支票：系统提供给用户自动登记支票簿的功能。

- 选择登记支票：则系统自动将具有票据管理结算方式的付款单登记在支票登记簿中。
- 不选择登记支票登记簿：用户也可以通过付款单上的【登记】按钮，手工登记支票登记簿。

2. 凭证页签各选项设置

进入账套参数设置，打开"凭证"对话框，有关栏目选择内容说明如下：

（1）受控科目制单方式：系统提供两种制单方式，即明细到客户和明细到单据。

- 明细到客户：指将一个客户的多笔业务合并生成一张凭证时，如果核算这多笔业务的控制科目相同，系统自动将其合并成一条分录。这种方式的使用可以在总账系统中根据客户来查询其详细信息。
- 明细到单据：指将一个客户的多笔业务合并成一张凭证时，系统会将每一笔业务形成一条分录。使用这种方式可以在总账系统中查看到每个客户的每笔业务的详细情况。

（2）非受控科目制单方式：系统提供了3种制单方式供选择，即明细到客户、明细到单据、汇总制单的方式。

- 明细到客户：指一个客户的多笔业务合并生成一张凭证时，如果核算这多笔业务的非受控科目相同，且其所带辅助核算项目也相同，则系统自动将其合并成一条分录。这种方式的使用可以在总账系统中根据客户来查询其详细信息。

- 明细到单据：指一个客户的多笔业务合并生成一张凭证时，系统会将每一笔业务形成一条分录。这种方式的使用可以在总账系统中查看到每个客户的每笔业务的详细情况。

- 汇总制单：指多个客户的多笔业务合并生成一张凭证时，如果核算这多笔业务的非控制科目相同，且其所带辅助核算项目也相同，则系统自动将其合并生成一条分录。这种方式的目的是精简总账中的数据，在总账系统中只能查看到该科目的一个总的发生额。

（3）控制科目依据：控制科目在本系统指所有带客户往来辅助核算且控制系统指定为应收系统的科目。本系统除可以设置基本控制科目外，还提供3种设置控制科目的依据，即按客户分类、按客户、按地区分类。

- 按客户分类：客户分类指根据一定的属性将往来客户分为若干大类，例如，将客户根据时间分为长期客户、中期客户和短期客户；也可以根据客户的信用将其分为优质客户、良性客户、一般客户和信用较差的客户等。在这种方式下，针对不同的客户分类设置不同的应收科目和预收科目。

- 按客户：针对不同的客户在每一种客户下设置不同的应收科目和预收科目。这种设置适合特殊客户的需要。

- 按地区：针对不同的地区分类设置不同的应收科目和预收科目。例如，将客户分为华东、华南、华北等地区，可以在不同的地区分类下设置科目。

（4）销售科目依据：系统提供了两种设置存货销售科目的依据，按存货分类和按存货设置销售科目。

- 按存货分类：存货分类是指根据存货的属性对存货所划分的大类，例如，存货分为原材料、燃料及动力、在产品及产成品等大类。针对这些存货分类设置不同的销售科目。

- 按存货：如果存货种类不多，可以直接针对不同的存货设置不同的销售科目。

（5）月末结账前是否全部制单：根据需要选择在月末结账前是否全部制单。

- 选择月末结账前全部制单：在进行月末结账时将检查截止到结账月是否有未制单的单据和业务处理。若有，系统将提示不能进行本次月结处理，但可以详细查看这些记录；若没有，才可以继续进行本次月结处理。
- 月末结账前不需要将全部的单据制单：在月结时只是查询截止到结账月的未制单单据和业务处理，不进行强制限制。

（6）方向相反的分录是否合并：指科目相同、辅助项相同、方向相反的凭证分录是否合并。

- 选择合并：则在制单时若遇到满足合并要求的分录，系统自动将这些分录合并成一条，根据在哪边显示为正数的原则来决定当前合并后分录的显示方向。
- 选择不合并：则在制单时若遇到满足合并要求的分录不予合并，原样显示在凭证中。

（7）核销是否需要生成凭证。

- 不选择：不管核销双方单据的入账科目是否相同均不需要对这些记录进行制单。
- 选择：则需要判断核销双方的单据其当时的入账科目是否相同，不相同时需要生成一张调整凭证。

（8）预收冲应收是否生成凭证。

- 选择：则对于预收冲应收业务，当预收、应收科目不相同时需要生成一张转账凭证。
- 不选择：则对于预收冲应收业务不管预收、应收科目是否相同均不生成凭证。

（9）红票对冲是否生成凭证。

- 选择：当对冲单据所对应的受控科目不相同时，系统生成一张转账凭证。
- 不选择：对于红票对冲处理，不管对冲单据所对应的受控科目是否相同均不生成凭证。

3. 权限与预警页签各选项设置

有关栏目说明如下：

（1）是否启用客户权限：只有在"企业门户"｜"控制台"｜"数据权限控制"设置中选择了对客户进行记录级数权限控制时此处选项才可设置。

- 选择启用：则在所有的处理、查询中均需要根据该用户的相关客户数据权限进行限制。通过该功能，企业可加强客户管理的力度，提高数据的安全性。

- 选择不启用：则在所有的处理、查询中均不需要根据该用户的相关客户数据权限进行限制。

（2）是否启用部门权限：只有在"企业门户"｜"控制台"｜"数据权限控制"设置中选择了对部门进行记录级数权限控制时此处选项才可设置。

- 选择启用：则在所有的处理、查询中均需要根据该用户的相关部门数据权限进行限制。通过该功能，企业可加强部门管理的力度，提高数据的安全性。
- 选择不启用：则在所有的处理、查询中均不需要根据该用户的相关部门数据权限进行限制。

（3）是否根据单据自动报警：选择自动报警后，设置报警的提前天数，并选择信用方式或折扣方式。按信用方式是指报警以信用日期为基准日期；按折扣方式是指报警以折扣日期为基准日期，当前日期＋提前天数≥基准日期就报警。

（4）录入发票时显示提示信息：若选择显示提示信息，则在录入发票时，系统会显示该客户的信用额度余额，以及最后的交易情况。

（5）是否信用额度控制

- 选择信用额度控制：则在应收款管理系统保存录入的发票和应收单时，当票面金额＋应收借方余额－应收贷方余额＞信用额度时，系统会提示本张单据不予保存处理。
- 不选择信用额度控制，则在保存发票和应收单时不会出现控制信息。

（6）是否根据信用额度自动报警：用户可以选择是否需要根据客户的信用额度进行自动报警。

选择自动报警时，系统根据设置的预警标准显示满足条件的客户记录，即只要该客户的信用比率小于等于设置的提前比率时就对该客户进行报警处理。若选择信用额度为零的客户也预警，则对所有信用额度为零的客户，只要其有应收余额就进行报警。

8.2.3 初始设置

如果企业应收业务类型比较固定，生成凭证的科目也比较固定，为了简化凭证生成操作，可在此处将各业务类型凭证中的常用科目预先设置好，生成凭证时，系统就会自动把相应科目带入。下面分别介绍初始设置中几种科目设置的方法及步骤。

1. 设置科目

（1）基本科目设置

基本科目是指在核算应收款项时经常用到的科目，可以在此处设置应收业务的常用科目。

（2）控制科目设置

如果企业的应收、预收科目根据客户的分类或地区分类不同分别设置了不同的明细科目，则可以先在选项中选择设置的依据，并且在此处进行具体的设置。

在初始设置界面的左边的树型结构列表中单击"设置科目"｜"控制科目设置"，即可进行相应控制科目设置，设置的科目必须是末级应收系统受控科目。

（3）产品科目设置

如果不同的存货（存货分类）分别对应不同的销售收入科目、应交销项税科目和销售退回科目，则应先在选项中选择设置的依据，再在此处设置具体的科目（销售收入科目和销售退回科目可以相同）。其操作与控制科目设置操作类似。

（4）结算方式科目设置

结算方式已在总账系统中介绍过，这里主要是针对总账系统中设置的结算方式，为其设置一个默认的结算科目。

2. 坏账准备设置

应收款系统可以根据发生的应收业务情况，提供自动计提坏账准备金的功能。根据应收系统选项中选取的坏账处理方式不同，相应的坏账准备设置也不同。

3. 账龄区间设置

为了对应收账款进行账龄分析，评估客户信誉，并按一定的比例估计坏账损失，应首先在此设置账龄区间。

4. 报警级别设置

通过对报警级别的设置，将客户按照欠款余额与其授信额度的比例分为不同的类型，以便于掌握各个客户的信用情况。

5. 单据类型设置

系统提供了发票和应收单两大类型的单据。

如果同时使用销售系统，则发票的类型包括增值税专用发票、普通发票、销售调拨单和销售日报。如果单独使用应收系统，则发票的类型不包括后两种。发票的类型不能修改和删除。

应收单记录销售业务之外的应收款情况。在本功能中，只能增加应收单，应收单划分为不同的类型，以区分应收货款之外的其他应收款。例如，应收代垫费用款、应收利息款、应收罚款、其他应收款等。

8.2.4 单据设计

1. 单据格式设置

在用友 ERP-U8 应用系统的各业务系统中均提供了单据设计功能，利用此功能可以对系统各主要单据的屏幕显示界面及打印格式进行设计，以符合企业应用的实际需要。在应收款管理系统中，企业可根据需要对普通发票、专用发票、各类应收单、结算单的单据格式进行设计。

单据种类根据系统的不同而有所区别，但其设计方式一样，单据设计的内容包括单据头栏目和单据体栏目的增加、删除和布局。对于各种单据，系统均设置了默认格式及显示项目，若对默认的内容不满意，用户可根据自己的设计进行调整。

如果系统提供的项目还不能满足需要，可利用"设置"｜"自定义项"，选择设置单据的自定义项目和存货的自由项，设置的内容会成为有关单据的可选项目。

2. 单据编号设置

根据企业业务中使用的各种单据的不同需求，由用户自己设置各种单据类型的编码生成原则，且每种单据对应一种编号规则。

8.2.5 基础设置

由于在应收款核算系统中要进行销售业务的核算和管理，因此需要设置存货的种类、存货的计量单位及存货的内容等。为了能够顺利地进行销售及收款核算的管理，就要在进行应收款日常业务处理之前进行有关的基础设置。这些基础设置应该在"企业门户"｜"设置"｜"基础档案"中进行，主要有以下几个方面：

1. 存货分类

当企业存货较多时，可以对存货进行分类，以便对存货进行分类统计和汇总等分类管理。进行存货分类设置时，一般需要确定每一存货类别的编码、类别名称等。

2. 计量单位

在对存货进行核算时会涉及多种计量单位，甚至一种存货会有多种计量方法，在对存货进行核算之前应设置计量单位。系统中把计量单位分成了 3 类：无换算、浮动换算和固定换算。系统规定，每个计量单位组中可以有一个主计量单位，多个辅助计量单位，并可以设置主辅计量单位之间的换算率。在设置计量单位时必须先增加计量单位组，再增加每级中具体的计量单位的内容。

3. 存货档案

存货档案是用来设置企业在生产经营中使用到的各种存货信息，以便于对这些存货进行资料管理、实物管理，以及业务数据的统计、分析等。在存货档案中完成对存货目录的设立和管理，随同发货单或发票开具的应税劳务等也应设置在存货档案中。

4. 设置开户银行

由于企业在开具销售发票时需要列示企业开户银行的信息，以便与客户之间进行收付结算，因此，在录入销售发票之前应设置本单位的开户银行。

8.2.6 期初余额录入

初次使用本系统时，要将启用应收系统时未处理完的所有客户的应收账款、预收账款、应收票据等数据录入到本系统，以便于以后的核销处理，并且作为期初建账的数据，系统即可对其进行管理，这样既保证了数据的连续性，又保证了数据的完整性。当进入第二年度处理时，系统自动将上年度未处理完的单据转为下一年度的期初余额。在下一年度的第一个会计期间里，可以进行期初余额的调整。

1. 录入期初销售发票

由于启用了应收款核算系统，在录入期初余额时，既包括期初金额，还包括该项业务产生时所形成的原始交易票据内容，这样核算过程就更加清晰明了。本项目的期初余额的录入中所包含代垫运杂费项目金额，代垫运杂费项目在期初应收单中录入。

录入时，应选择的"单据名称"为"销售发票"，"单据类型"为"销售专用发票"，"方向"为"正向"，然后在期初销售发票录入窗口中，分别输入表头、表体各项内容。

2. 录入期初应收单

期初应收单录入的金额主要是指企业向客户收取的除货款（含税）以外的项目金额，如代垫的运杂费。在录入时，"单据类别"的选择与"期初销售发票录入"的内容有所不同，其"单据名称"为"应收单"，"单据类型"为"其他应收单"，"方向"为"正向"。然后在应收单录入窗口，分别在表头和表体输入各项内容，保存后退出。

3. 录入期初预收款

预收款是企业收到客户预先支付的货款，企业将来以商品或劳务作为偿付。期初预收款的录入，会涉及收款有关金额及客户资料、结算方式、所涉及部门等主要信息。在录入时，"单据名称"选择"预收款"，"单据类型"为

"收款单","方向"为"正向",然后在收款单录入窗口,输入收款单的各项内容。

4. 期初对账

当完成全部应收款期初余额录入后,应通过对账功能将应收系统与总账系统期初余额进行核对。与总账系统对账,必须在总账与应收款管理系统同时启动后才可以进行。对账目的是保证总账系统中应收账款、应收票据、预收账款等账户的期初余额与应收款管理系统中录入的应收账款、应收票据、预收账款等账户的期初余额相符,有利于其后业务处理数据的正确性、连续性等。

8.3 日常业务处理

日常处理是应收款管理系统的重要组成部分,是经常性的应收业务处理工作。日常业务主要完成企业日常的应收款入账、收款业务录入、收款业务核销、应收并账、汇兑损益以及坏账的处理,及时记录应收业务、收款业务的发生情况,为查询和分析往来业务提供完整、正确的资料,加强对往来款项的监督管理,提高工作效率。

8.3.1 应收单据处理

销售发票与应收单是应收款管理系统日常核算的原始单据。如果应收款管理系统与销售管理系统集成使用,销售发票和代垫费用在销售管理系统中录入,在应收系统中可对这些单据进行查询、核销、制单等操作。此时应收款管理系统需要录入的只限于应收单。如果没有使用销售系统,则所有发票和应收单均需在应收款管理系统中录入。

1. 应收单据录入

(1) 录入销售发票

销售发票是企业本期给客户开具的增值税专用发票、普通发票及零售日报等原始销售票据。在录入销售发票时,企业应根据销售业务内容、性质确定单据名称、单据类型及方向,并在表体中详细录入该项业务的销售情况。

(2) 录入应收单

应收单是记录企业非销售业务所形成的应收款情况的单据。应收单的实质是一张凭证,表头的信息相当于凭证中的一条分录,单据头中的科目由系统从用户在初始设置时所设置的应收科目中取得;表体中的一条记录也相当于凭证中的一条分录,单据头的金额合计与单据体中的金额合计应相等。

(3) 修改、删除应收单

在单据录入界面,通过【首张】、【上张】、【下张】、【末张】按钮找到需要修改的单据，或通过【定位】按钮找到要修改或删除的单据，单击【修改】或【删除】按钮，保存后退出。

2. 应收单据审核

在"应收单据审核"界面中，系统提供手工审核、自动批审的功能。应收单据审核界面中显示的单据包括全部已审核、未审核的应收单据，也包括从销售管理系统传入的单据。做过后续处理如核销、制单、转账等处理的单据在应收单据审核中不能显示。对这些单据的查询，可在"单据查询"中进行。

在应收单据审核界面，也可以进行应收单的增加、修改、删除等操作。

（1）自动批审

自动批审在应收单据审核中通过输入单据过滤条件，系统根据当前的过滤条件将符合条件的未审核单据全部进行后台的一次性审核处理。批审完成后，系统显示统计结果，说明审核成功的发票张数以及应收单张数。

（2）手工批审

手工批审是在应收单据审核窗口中，通过输入单据过滤条件，由操作者完成手工批审的操作，并在审核人栏签上审核人的名字。

8.3.2　收款单据处理

收款单据处理主要是对结算单据（收款单、付款单即红字收款单）进行管理，包括收款单、付款单的录入，以及单张结算单的核销。应收系统的收款单用来记录企业所收到的客户款项，款项性质包括应收款、预收款、其他费用等。其中应收款、预收款性质的收款单将与发票、应收单、付款单进行核销勾对。应收系统付款单用来记录发生销售退货时企业退付给客户的款项。该付款单可与应收、预收性质的收款单、红字应收单、红字发票进行核销。

1. 收款单据录入

收款单据录入，是将已收到的客户款项或退回客户的款项，录入到应收款管理系统。包括收款单与付款单（即红字收款单）的录入。收款单用来记录企业所收到的客户的款项，款项性质包括应收款、预收款、其他费用等。其中应收款、预收款性质的收款单将与发票、应收单、付款单进行核销勾对。

（1）录入收款单

收到客户款项时，该款项有 3 种可能用途：一是客户结算所欠货款；二是客户提前支付的预付款；三是用于支付其他费用。在应收款管理系统中，系统用款项类型来区别不同的用途。如果对于同一张收款单，同时有几种用途，那么应该在表体记录中分行显示。

在录入收款单时，应注意款项类型的选择：在一张收款单中，若选择表体记录的款项类型为应收款，则该款项性质为冲销应收款；若选择表体记录的款项类型为预收款,则该款项用途为预收款;若选择表体记录的款项类型为其他费用,则该款项用途为其他费用。对于不同用途的款项,系统提供的后续业务处理不同。对于冲销应收账款,以及形成预收款的款项,后续可进行核销处理,即将收款单与其对应的销售发票或应收单进行核销勾对,冲销客户债务。对于其他费用用途的款项则不需要进行核销,直接计入费用科目。

(2)代付款的处理

有时,收到客户的一笔款项,但该款项中包括为另外一个单位代付的货款。在应收款管理系统中有两种处理方式:一是将代付的款项单独录一张收款单,将付款单位直接记录为另外一个单位,金额为代付金额;二是将付款单位仍然记录为该单位,但通过在表体输入代付客户的功能处理代付款业务。这种方式的好处是既可以保留该笔付款业务的原始信息,又可以处理同时代多个单位付款的情况。

(3)录入付款单

付款单用来记录发生销售退货时,企业开出的退付给客户的款项。该付款单可与应收、预收性质的收款单、红字应收单、红字发票进行核销。

在收款单录入界面,单击【切换】按钮,可以在收款与付款单之间进行切换。

(4)预收款的录入

在销售业务发生之前,如果预收了客户的款项,也要在"收款单据录入"中处理。以后可通过"预收冲应收"、"核销处理"使用此笔预收款。

2. 收款单据审核

在"结算单"界面中,系统提供手工审核、自动批审核的功能。结算单列表界面中显示的单据包括全部已审核、未审核的收(付)款单,可以进行结算单的增加、修改、删除等操作。

8.3.3 核销处理

核销处理指日常进行的收款核销应收款的工作。单据核销的作用是解决收回客户款项核销该客户应收款的处理,建立收款与应收款的核销记录,监督应收款及时收取,加强往来款项的管理。

1. 核销规则

对应收单据和收款单据进行核销时,分以下几种情况,且每种情况下都分为同币种核销和异币种核销。

(1)收款单与原有单据完全核销

如果收款单的数额等于收款单据的数额,则收款单与原有单据完全核销。

(2)在核销时使用预收款

如果客户事先预付了一部分款，在业务完成后又付清了剩余的款项，并且要求这两笔款项同时结算，则要核销时需要使用预收款。如果预收款的币种与需要核销的应收单的币种不一致，则需要将预收款的金额折算成中间币种后进行核销。

2. 核销方式

系统提供单据录入时核销、自动核销和手工核销 3 种核销方式，单据录入时核销的方法即为手工核销。

（1）手工核销

在收款单录入界面执行单据审核后，可以直接进行核销处理，也可以在"应收款管理" | "核销处理"中进行核销。

在手工核销状态下，一次只能显示一个客户的单据记录，且结算单列表根据表体记录明细显示。当结算单有代付处理时，只显示当前所选客户的记录。若需要对代付款进行处理，则需要在过滤条件中输入该代付单位，进行核销；一次只能对一种结算单类型进行核销，即在手工核销的情况下需要将收款单和付款单分开核销。

（2）自动核销

自动核销是系统根据输入的过滤条件进行自动核销，并显示自动核销进度条，核销完成后，系统提交"自动核销报告"，显示已核销的情况和未核销的原因。

自动核销可对多个客户进行核销处理，依据核销规则对客户单据进行核销处理。

8.3.4 付款单导出

付款单导出主要完成付款单与网上银行的导出处理。不管是应收导出给网上银行的单据还是网上银行导出给应收的单据均只能在应收系统进行制单。对于一张付款单来说只能单向导出、导入，即不允许一张单据进行循环导入、导出。可以从应收系统导出到网上银行的付款单只能是未审核的；导出后，在网上银行款确认支付前，应收系统不能再对这张付款单进行任何处理。

8.3.5 票据管理

票据管理主要是对商业承兑汇票和银行承兑汇票进行日常的业务处理，所有涉及票据的收入、结算、贴现、背书、转出、计息等处理都应该在票据管理中进行。

1. 增加票据

增加票据是将企业本期收到的商业汇票有关的金额、票号、对应客户等资料通过票据管理功能录入到系统中，作为收款单保存并进行审核。保存一张票据的结果是系统自动增加了一张收款单，票据生成的收款单不能进行修改。

2. 修改票据

发现已录入的票据有错，可以利用系统提供的修改功能修改票据内容。

3. 票据贴现

票据贴现是指持票人因急需资金，将未到期的承兑汇票背书后转让给银行，贴给银行一定利息后收取剩余票款的业务活动。票据贴现通过"票据管理"中"贴现"功能完成相应的操作。

4. 票据背书

当无法支付其他单位的欠款时，可以将自己拥有的票据背书，冲减自己的应付款。在票据管理的"背书"功能中，录入有关"被背书单位"等内容后就可以对当前的票据进行背书处理。票据背书后，将不能再对其进行其他处理。

5. 票据转出

当票据到期，而承兑单位无力支付时，应该将应收票据转入应收账款。

6. 票据计息

票据分为带息票据和不带息票据。如果票据是一张带息票据就需要对其进行计息处理。

进行票据计息，只需输入"计息日期"，利息金额由系统自动计算得出，确认后，系统会自动把结果保存在票据登记簿中。如果再次计息，系统自动扣除以前已计提过的利息。

7. 票据结算

当票据到期，持票收款时，执行票据结算处理。进行票据结算时，结算金额不是票据余额，而是通过结算实际收到的现金等。

8.3.6 转账处理

1. 应收冲应收

应收冲应收指将一家客户的应收款转到另一家客户中，系统通过应收冲应收功能将应收账款在客户之间进行转入、转出，实现应收业务的调整，解决应收款业务在不同客户间入错户或合并户问题。

2. 预收冲应收

预收冲应收指通过预收冲应收处理客户的预收款（红字预收款）与该客户应收欠款（红字应收）之间的核销业务。

3. 应收冲应付

应收冲应付指用客户的应收账款来冲抵供应商的应付款项。系统通过应收冲应付功能将应收款业务的客户和供应商之间进行转账，实现应收业务的调整，解决应收债权与应付债务的冲抵。

4. 红票对冲

红票对冲可以实现客户的红字应收单据与蓝字应收单据、收款单与付款单间进行冲抵的操作。系统提供两种处理方式：自动冲销和手工冲销。

自动对冲可同时对多个客户依据红冲规则进行红票对冲，提高红票对冲的效率，自动红票对冲提供进度条，并提交自动红冲报告，用户可了解自动红冲的完成情况及失败原因。

手工对冲只能对一个客户进行红票对冲，可自行选择红票对冲的单据，提高红票对冲的灵活性。手工红票对冲时采用红蓝上下两个列表形式提供，红票记录全部采用红色显示，蓝票记录全部用黑色显示。

8.3.7 坏账处理

坏账处理指系统提供的计提应收坏账准备处理，坏账发生后的处理、坏账收回后的处理等功能。坏账处理的作用是系统自动计提应收款的坏账准备，当坏账发生时即可进行坏账核销，当被核销坏账又收回时，即可进行相应处理。

在进行坏账处理之前，应做好如下准备工作：首先在系统选项中选择坏账处理方式，然后在初始设置中设置坏账准备参数。

1. 计提坏账准备

企业应于期末分析各项应收款项的可收回性，并预计可能产生的坏账损失。对预计可能发生的坏账损失，计提坏账准备，企业计提坏账准备的方法由企业自行确定。系统提供了几种备选的坏账准备方式，即应收余额百分比法、销售余额百分比法、账龄分析法和直接转销法。

企业应当根据以往的经验、债务单位的实际情况制定计提坏账准备的政策，明确计提坏账准备的范围、提取方法、账龄的划分和提取比例。

2. 坏账发生

发生坏账是在应收款项不能收回时进行的确认。通过本功能用户可以选定发生坏账的应收业务单据，确定一定期间内应收款发生的坏账，便于及时用坏账准备进行冲销，避免应收款长期呆滞的现象。

3. 坏账收回

坏账收回指系统提供的对已确定为坏账后又被收回的应收款进行业务处理的功能。

4. 坏账查询

坏账查询指系统提供的对系统内进行坏账处理过程和处理结果的查询功能。通过坏账查询功能查询一定期间内发生的应收账业务处理情况及处理结果，加强对坏账的监督。

8.3.8 制单处理

制单即生成凭证，并将凭证传递到总账记账。应收款系统在各个业务处理过程中都提供了实时制单的功能；除此之外，系统提供了一个统一制单的平台，可以在此快速、成批生成凭证，并可依据规则进行合并制单等处理。

8.4 账表查询及期末处理

8.4.1 单据查询

应收系统提供对发票、应收单、结算单、凭证等的查询。在查询列表中，系统提供自定义栏目、排序等功能，在进行单据查询时，若启用客户、部门数据权限控制时，则在查询单据时只能查询有权限的单据。

1. 凭证查询

通过凭证查询可以查看、修改、删除、冲销应收账款系统传到账务系统中的凭证。

2. 发票、应收单、结算单查询

通过输入查询条件，可以很方便地显示所有符合条件的单据，并将查询结果列表显示；而且通过【单据】按钮可以调出原始单据卡片，通过【详细】按钮（也可在具体记录上单击鼠标右键）可以查看当前单据的详细结算情况，通过【栏目】按钮可以设置当前查询列表的显示栏目、栏目顺序、栏目名称、排序方式，且可以保存当前设置的内容。

3. 单据报警查询

单据报警的作用是对快要到期的单据或即将不能享受现金折扣的单据进行列示，系统提供自动报警和人工查询两种方式。

（1）自动报警

在"设置"｜"选项"中，如果选择了"根据单据自动报警"（信用方式），那么每次登录本系统时，系统自动将单据到期日－提前天数≤当前注册日期的已经审核的单据显示出来，以提醒用户及时通知客户哪些业务应该回款了。如果选择了"根据单据自动报警"（折扣方式），那么每次登录系统时，系统自动将单据最大折扣日期－提前天数≤当前注册日期的已经审核的单据显示出来，以便及时通知客户哪些业务将不能享受现金折扣待遇了。

（2）人工查询

如果没有设置自动报警，那么每次登录本系统时不会出现报警信息，需要查询时，可以选择"单据查询"｜"单据报警查询"，打开"报警查询条件"对话框，选择报警类型和其他查询条件，单击【确认】按钮，屏幕显示信用报警单列表。

4. 信用报警查询

在"设置"｜"选项"中若设置了"根据信用额度自动报警"，则当有权限查询查看按客户预警查询的用户登录时系统显示该预警表。

如果没有设置自动报警，需要查询时，可以单击"单据查询"｜"信用报警查询"，打开"信用预警条件"对话框。录入信用预警条件，单击【确认】按钮，系统显示符合条件的信用报警单。

8.4.2 账表管理

1. 业务账表查询

通过业务账表查询，可以及时了解一定期间内期初应收款结存汇总情况、应收款发生、收款发生的汇总情况、累计情况及期末应收款结存汇总情况；还可以了解各个客户期初应收款结存明细情况、应收款发生、收款发生的明细情况、累计情况及期末应收款结存明细情况，及时发现问题，加强对往来款项的监督管理。

（1）查询内容

业务账表包括业务总账、业务余额表、业务明细账、对账单。

- 业务总账查询：进行一定期间内应收款汇总情况的查询。
- 业务余额表查询：进行一定期间内各客户应收款余额的查询。
- 业务明细账查询：进行一定期间内各个客户应收款、收款明细情况的查询。
- 对账单查询：提供一定期间内客户往来账款明细情况的查询，可以打印并提供给客户进行对账。系统提供了两种显示方式：明细方式和回款方式。选择"回款"方式时，每张单据的收款金额写入对应单据中，即单据的应收款项、收款金额、单据余额及余额同行显示。选择包含已结清为否时，系统将不显示已两清的单据。

（2）查询方式

查询时可以按照客户、客户分类、地区分类、部门、业务员、存货分类、存货、客户总公司、主管业务员、主管部门来进行细分；对于既是客户又是供应商的单位，可以把相关所有应收、应付业务信息在一张表中显示；可以包含未审核单据查询，还可以包含未开票出库、已入库未结算的信息。

2. 统计分析

通过统计分析，可以按用户定义的账龄区间，进行一定期间内应收款账龄分析、收款账龄分析、往来账龄分析，了解各个客户应收款周转天数、周转率，了解各个账龄区间内应收款、收款及往来情况，能及时发现问题，加强对往来款项动态的监督管理。

统计分析包括应收账龄分析、收款账龄分析、欠款分析、收款预测。

（1）应收账龄分析：分析截至一定日期之前各客户应收款余额的账龄情况。

（2）收款账龄分析：分析截至一定日期客户收款所冲销的应收账款的账龄情况。

（3）欠款分析：分析截止到某一日期，客户、部门或业务员的欠款金额，以及欠款组成情况。

（4）收款预测：预测将来某一段日期范围内，应对客户、部门或业务员等对象收款的金额和构成情况。

3. 科目账查询

科目账查询包括科目明细账、科目余额表的查询。

科目余额表查询：查询应收受控科目各客户的期初余额、本期借方发生额合计、本期贷方发生额合计、期末余额，细分为科目余额表、客户余额表、三栏余额表、部门余额表、项目余额表、业务员余额表、客户分类余额表、地区分类余额表。

科目明细账查询：用于查询客户往来科目下各往来客户的往来明细账，细分为科目明细账、客户明细账、三栏明细账、部门明细账、项目明细账、业务员明细账、客户分类明细账、地区分类明细账、多栏明细账。

科目账是对已生成凭证的业务信息进行的综合反映。应收系统中的科目账查询结果一般来说应该与总账中的客户往来账查询结果相同，但如果存在以下情况之一，就会导致两边不一致：其一，总账期初余额明细与应收期初明细不一致；其二，在其他系统使用应收控制科目进行了制单。这时不影响其他处理，不必进行任何调整。但为了保持账账相等，最好不允许其他系统对应收控制科目进行制单。

8.4.3 其他处理

1. 取消操作

在应收款管理的各个业务处理环节，都可能由于各种原因造成操作失误，为方便修改，系统提供取消操作功能。取消操作类型包括取消核销、取消坏账处理、取消转账、取消汇总损益、取消票据处理、取消并账等几类。取消操作一般受一定条件的限制，而且操作步骤类似。

（1）取消核销

取消核销是对已核销的单据去掉核销标志，恢复到核销前状态。通过进入到"取消操作"对话框，输入有关取消操作条件，系统将满足条件的收款单列出，在单据的"选择标志"一栏里双击鼠标，或单击【全选】按钮选择所有单据；如果在有标记的一栏里双击鼠标，即取消选择。选择完成后，单击【确认】按钮，保存此次操作。

（2）取消票据处理

已经进行票据处理，在以下情况下不能恢复：

- 如果票据在处理后已经制单，应先删除其对应的凭证，再进行恢复。
- 票据转出后所生成的应收单如果已经进行了核销等处理，则不能恢复。
- 票据背书的对象如果是应付款系统的供应商，且应付系统该月份已经结账，则不能恢复。
- 票据计息和票据结算后，如果又进行了其他处理，例如已生成凭证，则也不能恢复。

（3）取消坏账处理、转账处理、汇总损益处理

已经进行坏账处理、转账处理、汇兑损益处理，在以下情况下不能恢复：

- 如果处理日期在已经结账的月份内，不能被恢复。
- 如果该处理已经制单，应先删除其对应的凭证，再进行恢复。

2. 期末处理

月末处理包括月末结账和取消结账处理。

如果当月业务已全部处理完毕，应需要执行"月末结账"功能。只有当月结账后，才可以开始下月工作。

进行月末处理时，一次只能选择一个月进行结账；前一个月没有结账，则本月不能结账；结算单还有未审核的，不能结账；如果选项中选择单据日期为审核日期，则应收单据在结账前应该全部审核；如果选项中选择"月末全部制单"，则月末处理前应该把所有业务生成凭证；年度末结账，应对所有核销、坏账、转账等处理全部制单。在执行了月末结账功能后，该月将不能再进行任何处理。

第九章 应付款管理系统

应付账款是企业负债的一个重要组成部分，是企业正常经营活动中，由于采购商品或接受劳务，而应向供货单位或提供劳务单位所支付的款项。应付账款是因为赊购业务产生的，因此入账时间的确认是与物资采购的时间一致的；而入账价值的确认，如果除发票外，还包括商业折扣、现金折扣等因素，应付账款入账价值的确定就变得比较复杂了。企业除了对应付账款进行核算外，还要加强对自身偿债能力的管理、应付票据的管理、预付款及其他业务往来交易记录，简单的核算统计已经不能满足现代企业的发展需要。用友 ERP-U8 应用系统，在应付款管理方面提供了强大的功能，可详尽记录应付账款的发生原由，有效掌握应付账款付款冲销状况，提供适时的查询依据，提高供应商对自身信用的管理，有效利用信用期内的浮游资金，提高资金利用率。

9.1 应付款管理系统基本内容

应付款管理系统主要用于核算和管理企业与供应商之间的往来款项。该系统主要对采购业务转入的应付款项进行处理，记录采购及其他业务的往来交易。应付款管理系统，通过采购发票、其他应付单、付款单等单据的处理，对企业的供应商往来账款进行综合管理，及时、准确地提供供应商的往来账款余额资料。此外，应付款管理系统还提供各种分析报表，如账龄分析表、周转分析、欠款分析、付款情况分析以及信用报警单等。通过各种分析报表，企业可以清楚地掌握自己的信用利用情况，据此调整支付政策，提高财务管理能力。

9.1.1 应付款管理系统应用方案

应付款管理系统主要实现企业与供应商业务往来账款的核算与管理，在应付款管理系统中，以采购发票、其他应付单等原始单据为依据，记录采购业务及其他业务所形成的应付款项，处理应付款项的支付、冲销等情况；提供票据处理的功能，实现对应付票据的管理。

根据对供应商往来款项核算和管理的程度不同，系统提供了"详细核算"和"简单核算"两种供应商往来应用方案。不同的应用方案，其系统功能、产品接口、操作流程等均不相同。

1. "详细核算"应用方案

如果在企业采购业务中应付款核算与管理内容比较复杂，需要追踪到每一笔业务的应付款、付款等情况，并希望对应付款项进行各种分析，或者需要将应付款项核算到产品一级，那么可选择该方案。

采用"详细核算"应用方案，系统能提供以下功能：

（1）如果与采购管理系统集成使用，系统根据由采购系统传递过来的单据，记录应付款的形成。非商品交易形成的应付项目在应付款管理系统中记录；若应付款管理系统不与采购系统集成使用，采购发票和应付单都在应付款管理系统中直接记录。

（2）处理应付项目的付款及转账业务。

（3）对应付票据进行记录和管理。

（4）在应付项目的处理过程中自动生成凭证，并向总账系统传递凭证。

（5）对外币业务及汇兑损益进行处理。

（6）根据所提供的条件，提供各种查询及分析。

本章后续内容均以"详细核算"应用方案为例展开。

2. "简单核算"应用方案

如果采购业务中应付账款业务并不十分复杂，或者现购业务很多，则可以选择"简单核算"应用方案。在该方案中，应付系统只是连接总账与业务系统的一座桥梁，即只是对采购系统生成的发票进行审核并生成凭证传递到总账，而不能对发票进行其他处理，也不能对往来明细进行实时查询、分析。因此，往来明细只能在总账中进行简单查询。

在该方案下，其主要功能包括：

（1）接收采购系统的发票，对其进行审核。

（2）对采购发票进行制单处理。

具体选择哪一种方案，可以在应付款管理系统的选项中通过设置"应付账款核算模型"来设置。

9.1.2 应付款管理系统与其他系统的主要关系

应用"详细核算"方案时应付款管理系统与其他系统的关系如图 9-1 所示。

采购管理系统向应付款管理系统提供已结算的采购发票，在应付款管理系统生成凭证，并根据发票进行付款结算处理。应付款管理系统为采购系统提供采购发票的付款结算情况。

应付款管理系统向总账系统传递凭证，并能够查询其所生成的凭证。

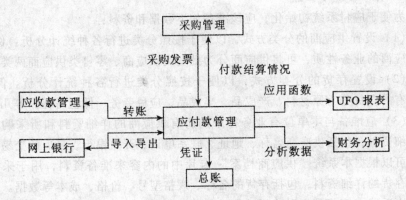

图 9-1　应付款管理系统与其他系统的主要关系

应付款管理系统与应收款管理系统之间可以进行转账处理，如应付冲应收；同时对于既是供应商又是客户的往来业务对象，可以同时查询应付和应收往来明细。

应付款管理系统可以向财务分析系统提供各种分析的数据。

应付款管理系统向 UFO 提供应用函数。

应付款管理系统与网上银行进行付款单的导入和导出。

9.2　应付款管理系统初始化

系统初始化是指手工记账和计算机记账的交接过程。在启动应付款管理系统后、进行正常的应付业务处理前，根据企业核算要求和实际业务情况进行有关的设置，主要内容包括选项设置、初始设置、基础档案、单据设计、期初余额录入。

9.2.1　系统启用

1. 启用

启用应付款管理系统有两种方法，一是在建账完毕后直接进入系统启用设置进行应付款管理系统的启用；二是通过企业门户中的"基础信息"进入"系统启用"功能进行启用设置。

2. 启动与注册

启动应付款管理系统时，可以选择从"开始"菜单启动，也可以先注册进入企业门户，然后通过企业门户进入应付款管理系统。

3. 期初数据的准备

为便于应付系统初始化，应该准备如下数据和资料：

（1）设置供应商的分类方式，以便于按照分类进行各种统计分析。例如，按供应商的业务性质，可将供应商分为批发类供应商、零售类供应商两类。

（2）设置存货的分类方式，以便于按照分类进行各种统计分析。例如，将所有的存货分为原材料、产成品、半成品、应税劳务、低值易耗品等几类。

（3）应准备与本单位有业务往来的所有供应商的详细资料和所采购的存货详细资料，包括供应商名称、地址、联系电话、开户银行、最后的交易情况等。可以根据本系统"供应商档案"卡片中的内容来准备资料，用于采购的所有存货的详细资料，包括存货的名称、规格型号、价格、成本等数据。可以根据本系统"存货档案"卡片中的内容来准备资料。

（4）准备其他相关信息，例如，会计科目、企业结算方式、部门档案、职员档案。

（5）需要整理系统启用前所有供应商的应付账款、预付账款、应付票据等数据。这些期初数据最好能够精确到某一笔具体的发票或业务。

9.2.2 设置账套参数

在运行应付款管理系统前，应在"选项"中设置运行所需要的账套参数，以便系统根据所设定的选项进行相应的处理。设置账套参数时，单击"设置" | "选项"，打开"账套参数设置"对话框，其中包括三个页签：常规、凭证、权限与预警。

1. 常规页签各选项设置

常规页签设置栏目如下：

（1）应付款核销方式：

- 按单据核销：系统将满足条件的未结算单据全部列出，选择要结算的单据，根据所选择的单据进行核销。
- 按产品核销：系统将满足条件的未核销发票、应付单按产品列出，选择要结算的产品，根据所选择的记录进行核销。

（2）单据审核日期：系统提供两种确认单据审核日期的依据，即单据日期和业务日期。

- 单据日期：在单据处理功能中进行单据审核时，自动将单据的审核日期（即入账日期）记为该单据的单据日期。
- 业务日期：在单据处理功能中进行单据审核时，自动将单据的审核日期（即入账日期）记为当前业务日期（即登录日期）

（3）汇兑损益方式：系统提供两种汇兑损益方式，外币余额结清时计算和月末计算。

- 外币余额结清时计算：仅当某种外币余额结清时才计算汇兑损益。在计算汇兑损益时，界面中仅显示外币余额为零且本币余额不为零的外币单据。
- 月末计算：每个月末计算汇兑损益，在计算汇兑损益时，界面中显示所有外币余额不为零或者本币余额不为零的外币单据。

（4）应付账款核算类型：系统提供两种应付账款的应用模型，即简单核算和详细核算。

（5）是否自动计算现金折扣：为了享受到供应商在信用期间内提供的现金折扣政策，可选择自动计算现金折扣，在复选框前面进行选择。

- 选择自动计算：需要在发票或应付单中输入付款条件，则在核销处理界面中系统依据付款条件自动计算该发票或应付单可享受折扣，可输入本次折扣进行结算，则原币余额＝原币金额－本次结算金额－本次折扣。

（6）是否进行远程应用：选择了进行远程应用，则系统在后续处理中提供远程传输付款单的功能。

（7）是否登记支票：系统提供给用户自动登记支票登记簿的功能。

- 选择登记支票，则系统自动将具有票据管理结算方式的付款单登记在支票登记簿中。

- 不选择登记支票登记簿，用户也可以通过付款单上的【登记】按钮，进行手工登记支票登记簿。

2. 凭证页签各选项设置

（1）受控科目制单方式：系统提供两种制单方式，明细到供应商和明细到单据。

- 明细到供应商：指将一个供应商的多笔业务合并生成一张凭证时，如果核算这多笔业务的控制科目相同，系统将自动将其合并成一条分录。这种方式的使用可以在总账系统中根据供应商来查询其详细信息。
- 明细到单据：指将一个供应商的多笔业务合并成一张凭证时，系统会将每一笔业务形成一条分录。这种方式的使用可以在总账系统中查看到每个供应商的每笔业务的详细情况。

（2）非受控科目制单方式：系统提供了3种制单方式供选择，即明细到供应商、明细到单据和汇总制单的方式。

- 明细到供应商：指一个供应商的多笔业务合并生成一张凭证时，如果核算这多笔业务的非受控科目相同、且其所带辅助核算项目也相同，则系统将自动将其合并成一条分录。这种方式的使用可以在总账系统中能够根据供应商来查询其详细信息。

- 明细到单据：指一个供应商的多笔业务合并生成一张凭证时，系统会将每一笔业务形成一条分录。这种方式的使用可以在总账系统中也能查看到每个供应商的每笔业务的详细情况。

- 汇总制单：指多个供应商的多笔业务合并生成一张凭证时，如果核算这多笔业务的非控制科目相同，且其所带辅助核算项目也相同，则系统将自动将其合并生成一条分录。这种方式的目的是精简总账中的数据，在总账系统中只能查看到该科目的一个总的发生额。

（3）控制科目依据：控制科目在本系统指所有带有供应商往来辅助核算且控制系统指定为应付系统的科目。本系统提供 3 种设置控制科目的依据，即按供应商类别分类、按供应商分类、按地区分类。

- 按供应商类别分类：供应商分类指根据一定的属性将往来供应商分为若干大类，例如将供应商根据时间分为长期供应商、中期供应商和短期供应商；也可以根据供应商的信用将其分为优质供应商、良性供应商、一般供应商和信用较差的供应商等。在这种方式下，针对不同的供应商分类设置不同的应付科目和预付科目。

- 按供应商分类：针对每一个不同的供应商设置不同的应付科目和预付科目。这种设置适合特殊供应商的需要。

- 按地区分类：针对不同的地区分类设置不同的应付科目和预付科目。例如，供应商分为华东、华南、华北等地区，可以在不同的地区分类下设置科目。

（4）采购科目依据：系统提供了两种设置存货采购科目的依据——按存货分类和按存货设置采购科目。

- 按存货分类：存货分类是指根据存货的属性对存货所划分的大类，例如，存货分为原材料、燃料及动力、在产品及产成品等大类。针对这些存货分类设置不同的采购科目。

- 按存货设置：如果存货种类不多，可以直接针对不同的存货设置不同采购科目。

（5）月末结账前是否全部制单：根据需要选择在月末结账前是否全部制单。

- 选择月末结账前全部制单：在进行月末结账时竖检查截止到结账月是否有未制单的单据和业务处理。若有，系统将提示不能进行本次月结处理，但可以详细查看这些记录；若没有，才可以继续进行本次月结处理。

- 月末结账前不需要将全部的单据制单：在月结时只是查询截止到结账月的未制单单据和业务处理，不进行强制限制。

（6）方向相反的分录是否合并：指科目相同、辅助项相同、方向相反的凭证分录是否合并。

- 选择合并：在制单时若遇到满足合并要求的分录，则系统自动将这些分录合并成一条，根据在哪边显示为正数的原则来决定当前合并后分录的显示方向。
- 选择不合并：在制单时若遇到满足合并要求的分录，不予合并，原样显示在凭证中。

（7）核销是否需要生成凭证。

- 不选择：不管核销双方单据的入账科目是否相同均不需要对这些记录进行制单。
- 选择：需要判断核销双方的单据其当时的入账科目是否相同，不相同时，需要生成一张调整凭证。

（8）预付冲应付是否生成凭证。

- 选择：对于预付冲应付业务，当预付、应付科目不相同时，需要生成一张转账凭证。
- 不选择：对于预付冲应付业务不管预付、应付科目是否相同均不生成凭证。

（9）红票对冲是否生成凭证。

- 选择：当对冲单据所对应的受控科目不相同时，系统生成一张转账凭证。
- 不选择：对于红票对冲处理，不管对冲单据所对应的受控科目是否相同均不生成凭证。

3. 权限与预警页签各选项设置

（1）是否启用供应商权限：只有在"企业门户"｜"控制台"｜"数据权限控制"设置中选择了对供应商进行记录级数权限控制时此处选项才可设置。

- 选择启用：在所有的处理、查询中均需要根据该用户的相关供应商数据权限进行限制。通过该功能，企业可加强供应商管理的力度，提高数据的安全性。
- 选择不启用：在所有的处理、查询中均不需要根据该用户的相关供应商数据权限进行限制。

（2）是否启用部门权限：只有在"企业门户"｜"控制台"｜"数据权限控制"设置中选择了对部门进行记录级数权限控制时此处选项才可设置。

- 选择启用：在所有的处理、查询中均需要根据该用户的相关部门数据权限进行限制。通过该功能，企业可加强部门管理的力度，提高数据的安

129

全性。

- 选择不启用：在所有的处理、查询中均不需要根据该用户的相关部门数据权限进行限制。

（3）是否根据单据自动报警：选择自动报警后，设置报警的提前天数，并选择信用方式或折扣方式。按信用方式是指报警以信用日期为基准日期；按折扣方式是指报警以折扣日期为基准日期，当前日期＋提前天数≥基准日期就报警。

（4）是否根据信用额度自动报警：用户可以选择是否需要根据供应商的信用额度进行自动报警。

选择自动报警时，系统根据设置的预警标准显示满足条件的供应商记录。即只要该供应商的信用比率小于等于设置的提前比率时就对该供应商进行报警处理。若选择信用额度为零的供应商也预警，则当该供应商的应付账款余额大于零时即进行预警。

9.2.3　初始设置

如果企业应付业务类型较固定，生成凭证的科目也较固定，则为了简化凭证生成操作，可在此处将各业务类型凭证中的常用科目预先设置好，生成凭证时，系统就会自动把相应科目带入。下面分别介绍初始设置中的几种科目设置的方法及步骤。

1. 设置科目

（1）基本科目设置

基本科目是指在核算应付款项时经常用到的科目，可以在此处设置应付业务的常用科目。有关的基本科目如下：

- 应付科目：输入最常用的核算本位币和外币赊购欠款的科目，如"应付账款"科目。
- 预付科目：输入最常用的核算本位币和外币预付款的科目，如"预付账款"科目。
- 采购科目：输入最常用的核算采购的科目，如"物资采购"科目。
- 采购税金科目：输入核算进项税的科目，如"应交增值税—进项税额"科目。
- 银行承兑科目：输入核算银行承兑汇票的科目，如"应付票据"。
- 商业承兑科目：输入核算商业承兑汇票的科目，如"应付票据"。
- 现金折扣科目：若企业在采购过程中有现金折扣业务，则输入现金折扣费用的入账科目，如"财务费用"科目。
- 票据利息科目：输入核算应付票据利息的科目，如"财务费用"科目。

- 票据费用科目：输入核算应付票据费用的科目，如"财务费用"科目。
- 汇兑损益科目：若供应商往来有外币核算时，输入核算汇兑损益的科目，如"财务费用"科目。
- 币种兑换差异科目输入：输入异币种核销时形成的币种兑换差异科目，如"财务费用"科目。
- 收支费用：输入在采购过程中发生的费用的入账科目，如"营业费用"科目。

（2）控制科目设置

如果企业的应付、预付科目根据供应商的分类或地区分类不同分别设置了不同的明细科目，则可以先在选项中选择设置的依据，并且在此处进行具体的设置。

在初始设置界面左边的树型结构列表中单击"设置科目"｜"控制科目设置"，即可进行相应控制科目设置，设置的科目必须是末级应付系统受控科目。

（3）采购科目设置

如果不同的存货（存货分类）分别对应不同的采购科目、应交进项税科目，先在账套参数中选择设置的依据，并且与基本科目设置中的科目不一致，则在此处设置具体的科目。操作与控制科目设置的操作类似。

（4）结算方式科目设置

结算方式已在总账系统中介绍过，这里主要是针对总账系统中设置的结算方式，为其设置一个默认的结算科目。

2. 账龄区间设置

为了对应付账款进行账龄分析，评估供应商所允许信誉，应首先在此设置账龄区间。账龄区间是由一组连续的时间（如天数）组成。一般来说，最后一个区间不能修改和删除；最后一个区间不用输入总天数，表示从上一个区间的最大天数到无穷大。

3. 报警级别设置

通过对报警级别的设置，将供应商按照欠款余额与其授信额度的比例分为不同的类型，以便于掌握各个供应商的信用情况。

4. 单据类型设置

系统提供了发票和应付单两大类型的单据。

如果同时使用采购系统，则发票的类型包括增值税专用发票、普通发票、运费发票和废旧物资收购凭证。如果单独使用应付系统，则发票的类型不包括后两种。发票的类型不能修改和删除。

应付单记录采购业务之外的应付款情况。应付单可划分为不同的类型，以区分应付货款之外的其他应付款。在本功能中，只能增加应付单的类型，例如，应付费用款、应付利息款、应付罚款、其他应付款等。

9.2.4 单据设计

在用友 ERP-U8 应用系统的各业务系统中均提供了单据设计功能，利用此功能可以对系统各主要单据的屏幕显示界面及打印格式进行设计，以符合企业应用的实际需要。在应付款管理系统中，企业可根据需要对普通发票、专用发票、各类应付单、结算单的单据格式进行设计。

单据种类根据系统的不同而有所区别，但其设计方式一样，单据设计的内容包括单据头栏目和单据体栏目的增加、删除和布局。对于各种单据，系统均设置了默认的格式及显示项目，若对默认的内容不满意，用户可适当进行调整。

9.2.5 期初余额录入

初次使用本系统时，要将启用应付系统时未处理完的所有供应商的应付账款、预付账款、应付票据等数据录入到本系统，以便于以后的核销处理，并且作为期初建账的数据，系统即可对其进行管理，这样既保证了数据的连续性，又保证了数据的完整性。当进入第二年度处理时，系统自动将上年度未处理完的单据转为下一年度的期初余额。在下一年度的第一个会计期间里，可以进行期初余额的调整。

1. 录入期初采购发票

由于启用了应付款管理系统，在进行日常业务处理之前，应录入有关期初合同结算单的金额。通过本功能，可以录入企业有关采购业务所应支付的价税合计款，但不包括对方垫付的由本企业承担的运输费用等。

在期初录入窗口，依次选择单据名称、单据类型、方向等，然后输入表头各项内容、表体各项内容。

2. 录入期初应付单

期初应付单录入的金额主要是指企业向供应商支付的除货款（含税）以外的项目金额，如对方代垫的运杂费。在录入时，"单据类别"的选择与"期初采购发票录入"的内容有所不同，其"单据名称"为"应付单"，"单据类型"为"其他应付单"，"方向"为"正向"。然后在应付单录入窗口，分别在表头和表体输入各项内容，保存后退出。

3. 录入期初预付款

预付款是企业预先支付给供应商的货款。期初预付款的录入，会涉及付款有关金额及供应商资料、结算方式、所涉及部门等主要信息。在录入时，"单据名称"选择"预付款";"单据类型"为"付款单";"方向"为"正向",然后在付款单录入窗口,输入付款单的各项内容。

4.期初对账

当完成全部应付款期初余额录入后,应通过对账功能将应付系统与总账系统期初余额进行核对。

在期初余额明细表主界面中单击【对账】按钮,屏幕上可列示出应付与总账的对账结果。

◤ 9.3 日常业务处理

9.3.1 应付单据处理

采购发票与应付单是应付款管理系统日常核算的原始单据。如果应付款管理系统与采购管理系统集成使用,采购发票在采购管理系统中录入,在应付系统中可对这些单据进行查询、核销、制单等操作。此时应付系统需要录入的只限于应付单。如果没有使用采购系统,则所有发票和应付单均需在应付系统中录入。

1.录入采购发票

采购发票是企业给供应商开具的增值税专用发票、普通发票及零售日报等原始采购票据。

2.应付单据录入

(1)录入应付单

应付单是记录非采购业务所形成的应付款情况的单据。应付单的实质是一张凭证,表头的信息相当于凭证中的一条分录,单据头中的科目由系统从用户在初始设置时所设置的应付科目中取得;表体中的一条记录也相当于凭证中的一条分录,单据头的金额合计与单据体中的金额合计应相等。

(2)修改应付单

在单据录入界面,通过【首张】、【上张】、【下张】、【末张】按钮找到需要修改的单据,或通过【定位】按钮找到要修改的单据,单击【修改】按钮,修改单据有关内容后保存。

(3)删除应付单

在单据录入界面,通过【首张】、【上张】、【下张】、【末张】按钮找到需要删除的单据,或通过【定位】按钮找到要删除的单据,单击【删除】按钮即可。

3. 应付单据审核

在"应付单据审核"界面中，系统提供手工审核、自动批审的功能。应付单据审核界面中显示的单据包括全部已审核、未审核的应付单据，也包括从采购管理系统传入的单据。已做过后续处理如核销、制单、转账等处理的单据在应付单据审核中不能显示。对这些单据的查询，可在"单据查询"中进行。

在应付单据审核界面，也可以进行应付单的增加、修改、删除等操作。

（1）自动批审

自动批审是系统根据当前的过滤条件将符合条件的未审核单据全部进行后台的一次性审核处理。批审完成后，系统显示统计结果，说明审核成功的发票张数及应付单张数。

（2）手工审核

手工审核是在"应付单据审核"窗口中，输入"单据过滤条件"，通过人工全选方式，完成手工审核的操作，并在审核栏签上审核人的名字。

9.3.2 付款单据处理

付款单据处理主要是对结算单据（付款单、收款单即红字付款单）进行管理，包括付款单、收款单的录入，以及单张结算单的核销。应付系统的付款单用来记录企业所支付给供应商的款项，款项性质包括应付款、预付款、其他费用等。其中应付款、预付款性质的付款单将与发票、应付单、付款单进行核销勾对。应付系统付款单用来记录发生采购退货时，企业退付给供应商的款项。该付款单可与应付、预付性质的付款单、红字应付单、红字发票进行核销。

1. 付款单据录入

付款单据录入，是将已支付的供应商款项或供应商退回的款项，录入到应付款管理系统，包括付款单与收款单（即红字付款单）的录入。

（1）录入付款单

付给供应商款项时，该款项有 3 种可能用途：一是供应商结算所欠货款；二是提前支付给供应商的预付款；三是用于支付其他费用。在应付款管理系统中，系统用款项类型来区分不同的用途。如果对于同一张付款单，同时有几种用途，那么应该在表体记录中分行显示。

（2）代付款的处理

有时，由于三角债的关系，用于支付某个供应商的一笔款项中包括为另外一个供应商支付的货款。在应付款管理系统中有两种处理方式：一是将代付的款项单独录一张付款单，将付款单位直接记录为另外一个供应商，金额为代付金额；或者将付款单位仍然记录为该单位，但通过在表体输入代付供应商的功能处理代付款业务。这种方式的好处是既可以保留该笔付款业务的原始信息，又可以处理同时代多个单位付款的情况。

（3）录入收款单

收款单用来记录发生采购退货时，供应商开出的退付给企业的款项。该收款单可与应付、预付性质的付款单、红字应付单、红字发票进行核销。

在付款单录入界面，单击【切换】按钮，可以在付款与付款单之间进行切换。

（4）预付款的录入

在采购业务发生之前，如果预付了供应商的款项，也要在"付款单据录入"中处理。以后可通过"预付冲应付"、"核销处理"使用此笔预付款。

2. 付款单据审核

在"结算单"界面中，系统提供手工审核、自动批审核的功能。结算单列表界面中显示的单据包括全部已审核、未审核的付（收）款单，可以进行结算单的增加、修改、删除等操作。

9.3.3 核销处理

核销处理指日常进行的付款核销应付账款的工作。单据核销的作用是处理付款核销应付款，建立付款与应付款的核销记录，监督应付款及时支付，加强往来款项的管理。

1. 核销方式

系统提供单张核销、自动核销和手工核销 3 种核销方式，单张核销就是在"结算单"界面中进行有关单据的操作，这里介绍后两种情况。

（1）手工核销

手工核销是在"日常处理"｜"核销处理"｜"手工核销"中，打开"核销条件"对话框，输入结算单和被核销单据过滤条件，在"单据核销"窗口上方列表显示该供应商可以核销的结算单记录，下方列表显示该供应商符合核销条件的对应单据，在要核销的单据的"本次结算金额"栏内输入本次结算金额，确认后进行手工核销处理。

（2）自动核销

自动核销是在"日常处理"｜"核销处理"｜"自动核销"中，打开"核销条件"对话框，然后输入过滤条件，单击【确认】按钮，系统进行自动核销，并显示自动核销进度条。核销完成后，系统提交"自动核销报告"，显示已核销的情况和未核销的原因。

2. 核销规则

对应付单据和付款单据进行核销时，分为以下几种情况。每种情况下都分为同币种核销和异币种核销。

（1）付款单与原有单据完全核销

如果付款单的数额等于付款单据的数额，则付款单与原有单据完全核销。

（2）在核销时使用预付款

如果事先预付了供应商一部分货款，在业务完成后又付清了剩余的款项，并且要求这两笔款项同时结算，则在核销时需要使用预付款。使用的预付款的币种必须与核销的应付单以及第二笔付款单的币种相同，如果预付款的币种与需要核销的应付单的币种不一致，则需要分两次将通过单张付款单异币种核销进行处理。

（3）付款单的数额小于原有单据的数额，单据仅得到部分核销

如果支付的款项小于原有单据的数额，那么单据仅得到部分核销，未核销的余款留待下次核销。

（4）预付款大于实际结算数，余款退回

如果预付往来单位款项大于实际结算的货款，可以将余款退付给往来单位。处理方法是：将余款数额输入付款单，与原付款单核销。

9.3.4 选择付款

本功能主要提供对多个供应商、多笔款项的集中支付业务处理，以简化日常付款操作。

在操作时，选择"日常处理"｜"选择付款"，打开"选择付款—条件"对话框，选择供应商，录入过滤条件，确定后，进入选择付款列表界面。然后在要支付的应付单据后面的"付款金额"栏中录入要支付的金额（不能超过单据金额），确认，系统自动按照供应商分别生成付款单，并自动进行核销。

9.3.5 付款单导出

付款单导出主要完成付款单与网上银行的导出处理。通过该项功能，可以在付款单导出列表界面将列表中的记录全部打上选择标志或取消选择标志。也可在付款单导出列表中选择需要导出的单据，在选择栏中打上"Y"标记。确定导出后，即可进行导出处理，将当前打有选择标志的单据导出到网上银行中，系统提交导出结果报告，显示导出成功记录数和导出失败记录数，且可以分别将导出成功和不成功的单据按单据明细记录展开，显示导出不成功的原因。

9.3.6 票据管理

票据管理主要是对商业承兑汇票和银行承兑汇票进行日常的业务处理，所

有涉及票据的开具、结算、贴现、转出、计息等处理都应该在票据管理中进行。

1. 增加票据

增加票据是在系统中开具一张本期发生的以商业汇票支付的款项,通过"付款单过滤条件"对话框,录入有关资料,并经过审核后,系统自动生成商业承兑汇票的付款单。

2. 修改票据

发现已录入的票据有错,可以利用系统提供的修改功能修改票据内容。

3. 票据计息

票据分为带息票据和不带息票据。如果票据是一张带息票据就需要对其进行计息处理。

进行票据计息时,只需输入"计息日期",利息金额由系统自动计算得出,确认后,系统会自动把结果保存在票据登记簿中。同时,再次计息时,系统自动扣除以前已计提过的利息。

4. 票据转出

由于某种原因导致票据到期而无力支付时,应该将应付票据转入应付账款。用鼠标单击"日常处理"菜单条件下的"票据管理"窗口,弹出"票据查询"对话框,输入各种条件后,单击【确认】按钮,进入票据管理主界面。选中一张票据,然后点击工具条上的【转出】按钮,就可以对当前的票据进行转出处理。输入完毕后,按【确认】按钮,就可保存前述的操作。

5. 票据结算

当票据到期,持票付款时,执行票据结算处理。

进行票据结算时,结算金额不是票据余额,而是通过结算实际支付的现金等。

9.3.7 转账处理

1. 应付冲应付

应付冲应付指将一家供应商的应付款转到另一家供应商中,通过应付冲应付功能将应付账款在供应商之间进行转入、转出,实现应付业务的调整,解决应付款业务在不同供应商间入错户或合并户问题。在应付冲应付中,每一笔应付款的转账金额不能大于其余额,而且每次只能选择一个转入单位。

2. 预付冲应付

通过预付冲应付处理供应商的预付款、红字预付款与该供应商应付欠款、红字应付款之间的转账核销业务。

3. 应付冲应收

应付冲应收指用供应商的应付账款来冲抵供应商的应收款项。系统通过应付冲应收功能将应付款业务的供应商和客户之间进行转账，实现应付业务的调整，解决应收债权与应付债务的冲抵。

4. 红票对冲

红票对冲可以实现供应商的红字应付单据与蓝字应付单据、收款单与付款单之间进行冲抵的操作。系统提供两种处理方式：自动对冲和手工对冲。

自动对冲可同时对多个供应商依据红冲规则进行红票对冲，提高红票对冲的效率，自动红票对冲提供进度条，并提交自动红冲报告，用户可了解自动红冲的完成情况及失败原因。

手工对冲只能对一个供应商进行红票对冲，可自行选择红票对冲的单据，提高红票对冲的灵活性。手工红票对冲时采用红蓝上下两个列表形式提供，红票记录全部采用红色显示，蓝票记录全部用黑色显示。

9.3.8 制单处理

制单即生成凭证，并将凭证传递到总账记账。应付款系统在各个业务处理过程中都提供了实时制单的功能；除此之外，系统提供了一个统一制单的平台，可以在此快速、成批生成凭证，并可依据规则进行合并制单等处理。

在制单处理时，通过打开"制单查询"对话框，确定需要制单类型，如发票制单、应付单制单等，选择适当的凭证类别，系统会将所有未制单的单据列出，通过制单按钮，可生成一张机制凭证，保存后，自动传递到总账，达到制单的目的。

9.4　账表查询及期末处理

9.4.1　单据查询

应付系统提供对发票、应付单、结算单、凭证等的查询。在查询列表中，系统提供自定义栏目、排序等功能，在进行单据查询时，若启用供应商、部门数据权限控制，则在查询单据时只能查询有权限的单据。

1. 凭证查询

通过凭证查询可以查看、修改、删除、冲销应付账款系统传到账务系统中的凭证。

2. 发票、应付单、结算单查询

在发票、应付单、结算单查询对话框中，输入有关查询条件后，进入查询

结果列表界面，单据日期不选时，系统显示所有符合条件的单据。通过【查询】按钮，可以重新输入查询条件；通过【单据】按钮，可以调出原始单据卡片；通过【详细】按钮（也可在具体记录上单击鼠标右键），可以查看当前单据的详细结算情况；通过【栏目】按钮，可以设置当前查询列表的显示栏目、栏目顺序、栏目名称、排序方式，且可以保存当前设置的内容。

3. 单据报警查询

单据报警的作用是对快要到期的单据或即将不能享受现金折扣的单据进行列示，系统提供自动报警和人工查询两种方式。

（1）自动报警

在"设置"｜"选项"中，如果选择了"根据单据自动报警"（信用方式），那么每次登录本系统时，系统自动将单据到期日－提前天数≤当前注册日期的已经审核的单据显示出来，以提醒用户及时通知供应商哪些业务应该回款了。如果选择了"根据单据自动报警"（折扣方式），那么每次登录系统时，系统自动将单据最大折扣日期－提前天数≤当前注册日期的已经审核的单据显示出来，以便及时通知供应商哪些业务将不能享受现金折扣待遇了。

（2）人工查询

如果没有设置自动报警，那么每次登录本系统时不会出现报警信息。需要查询时，可以选择"单据查询"｜"单据报警查询"，打开"报警查询条件"对话框，选择报警类型和其他查询条件，单击【确认】按钮，屏幕显示信用报警单列表。

4. 信用报警查询

在"设置"｜"选项"中若设置了"根据信用额度自动报警"，则当有权限查询查看按供应商预警查询的用户登录时系统显示该预警表。

如果没有设置自动报警，需要查询时，可以单击"单据查询"｜"信用报警查询"，打开"信用预警条件"对话框，录入信用预警条件，单击【确认】按钮，系统显示符合条件的信用报警单。

9.4.2 账表管理

1. 业务账表查询

通过业务账表查询，可以及时地了解一定期间内期初应付款结存汇总情况、应付款发生、付款发生的汇总情况、累计情况及期末应付款结存汇总情况，从而及时发现问题，加强对往来款项的监督管理。

业务账表包括业务总账、业务余额表、业务明细账、对账单。

● 业务总账查询：进行一定期间内应付款汇总情况的查询。

● 业务余额表查询：进行一定期间内对各供应商应付款余额的查询。

- 业务余额查询：进行一定期间内对各供应商应付款余额的查询。
- 业务明细账查询：进行一定期间内各个供应商应付款、付款明细情况的查询。
- 对账单查询：提供一定期间内供应商往来账款明细情况的查询，可以打印并提供给供应商进行对账。系统提供了两种显示方式：明细方式和付款方式。

查询时可以按照供应商、供应商分类、地区分类、部门、业务员、存货分类、存货、供应商总公司、主管业务员、主管部门来进行细分；对于既是供应商又是客户的单位，可以把相关所有应收、应付业务信息在一张表中显示；可以包含未审核单据查询，还可以包含未开票已出库发货单、已入库未结算等信息。

2. 统计分析

通过统计分析，可以按用户定义的账龄区间，进行一定期间内应付款账龄分析、付款账龄分析、往来账龄分析，了解各个供应商应付款周转天数、周转率，了解各个账龄区间内应付款、付款及往来情况，能及时发现问题，加强对往来款项动态的监督管理。

统计分析包括应付账龄分析、付款账龄分析、欠款分析、付款预测。

- 应付账龄分析：分析截至一定日期之前各个供应商应付款余额的账龄情况。
- 付款账龄分析：分析截至一定日期供应商付款所冲销的应付账款的账龄情况。
- 欠款分析：分析截止到某一日期，供应商、部门或业务员的欠款金额，以及欠款组成情况。
- 付款预测：预测将来某一段日期范围内，应对供应商、部门或业务员等对象付款的金额和构成情况。

系统提供丰富的过滤条件以及分析对象和明细对象的组合查询。

- 分析对象：包括供应商分类、供应商总公司、地区分类、部门、主管部门、业务员、主管业务员、供应商、存货、存货分类10项。分析对象提供范围选择。如果不按产品核销，则不能查看存货和存货分类两项。
- 明细对象：明细对象决定了查询返回数据的分类排列方式。首先系统按照用户确定的查询分析对象，返回一个按查询对象排列的查询结果。在查询结果界面，选择【详细】按钮，系统将把按照查询对象分类的总账进一步进行分类，其进一步分类的标准就是明细对象所确定的内容。例如，希望按照供应商查询，同时又想得到每个供应商的数据是由哪些业务员经手发生的，则可以在查询对象选择按供应商，明细对象选择按业务员。当系统显示按供应商的查询结果时，选择【详细】按钮，系统进一步分解每个供应商的数据，将其按业务员列示。

3. 科目账查询

科目账查询包括科目明细账、科目余额表的查询。

（1）科目余额表查询：查询应付受控科目各个供应商的期初余额、本期借方发生额合计、本期贷方发生额合计、期末余额，细分为科目余额表、供应商余额表、三栏余额表、部门余额表、项目余额表、业务员余额表、供应商分类余额表、地区分类余额表。

（2）科目明细账查询：用于查询供应商往来科目下各个往来供应商的往来明细账，细分为科目明细账、供应商明细账、三栏明细账、部门明细账、项目明细账、业务员明细账、供应商分类明细账、地区分类明细账、多栏明细账。

科目账是对已生成凭证的业务信息进行的综合反映。应付款管理系统中的科目账查询结果一般来说应该与总账中的供应商往来账查询结果相同，但如果存在以下情况之一，就会导致两边不一致：其一，总账期初余额明细与应付期初明细不一致；其二，在其他系统使用应付控制科目进行了制单。这时不影响其他处理，不必进行任何调整。但为了保持账账相等，最好不允许其他系统对应付控制科目进行制单。

9.4.3　其他处理

1. 取消操作

在应付款管理系统的各个业务处理环节，都可能由于各种各样的原因造成操作失误，为方便修改，系统提供取消操作功能。

取消操作类型包括取消核销、取消转账、取消汇总损益、取消票据处理、取消并账等几类。取消操作一般受一定条件限制。

2. 期末处理

如果当月业务已全部处理完毕，应需要执行"月末结账"功能。只有当月结账后，才可以开始下月工作。

进行月末处理时，一次只能选择一个月进行结账；前一个月没有结账，则本月不能结账；结算单还有未审核的，不能结账；如果选项中选择单据日期为审核日期，则应付单据在结账前应该全部审核；如果选项中选择"月末全部制单"，则月末处理前应该把所有业务生成凭证；年度末结账，应对所有核销、转账等处理全部制单。

在执行了月末结账功能后，该月将不能再进行任何处理。期末处理包括月末结账和取消结账两个方面。如果当月总账系统已经结账，那么不能执行应付款管理系统取消结账功能。

参 考 文 献

[1] 用友软件股份有限公司．ERP财务管理系统应用专家培训教程［M］．北京：中国物资出版社，2003．

[2] 袁咏平，华耀军．会计软件操作教程［M］．北京：中国商业出版社，2004．

[3] 王新玲，汪刚．会计信息系统实验教程［M］．北京：清华大学出版社，2002．

142

图书在版编目(CIP)数据

电算化会计教程/袁咏平,谌君主编.—武汉:武汉大学出版社,2008.2

高职高专"十一五"规划教材

ISBN 978-7-307-06100-2

Ⅰ.电… Ⅱ.①袁… ②谌… Ⅲ.计算机应用—会计—高等学校:技术学校—教材 Ⅳ.F232

中国版本图书馆 CIP 数据核字(2008)第 006320 号

责任编辑:杨 华   责任校对:程小宜   版式设计:詹锦玲

出版发行:**武汉大学出版社** (430072 武昌 珞珈山)
        (电子邮件:cbs22@whu.edu.cn 网址:www.wdp.com.cn)
印刷:湖北省荆州市今印印务有限公司
开本:720×1000 1/16 印张:9.5 字数:181 千字 插页:2
版次:2008 年 2 月第 1 版   2011 年 12 月第 6 次印刷
ISBN 978-7-307-06100-2/F · 1121   定价:18.00 元

高职高专"十一五"规划教材

公共课书目

☆安全警示录——大学生安全教育读本

☆应用写作实训教程

经济类书目

财会系列：

☆财务管理教程

☆财务管理全程系统训练

☆税法教程

☆税法全程系统训练

☆企业涉税会计教程

☆企业涉税会计全程系统训练

☆成本会计教程

☆成本会计全程系统训练

☆中级会计教程

☆中级会计全程系统训练

☆初级会计教程

☆初级会计全程系统训练

☆电算化会计教程

☆电算化会计全程系统训练

☆会计职业技能仿真训练

☆会计职业技能综合实训

☆行业特殊业务会计教程

☆行业特殊业务会计教程全程系统训练

☆审计实务教程

☆审计实务全程系统训练

工商企业管理系列：

☆管理学

☆现代企业管理

☆生产与运作管理实务

☆会计基础与财务报表分析

☆经济学基础

☆现代质量管理实务

市场营销系列：

☆市场营销

☆市场营销实训教程

☆电子商务物流管理

☆电子商务概论

☆市场营销策划

☆网络营销

☆推销技术

☆国际贸易单证实务

☆国际贸易实务

☆国际结算

☆商务英语口译训练教程

旅游系列：

☆旅游服务礼仪

☆旅游概论

☆旅游服务心理

☆旅游英语

☆导游业务

☆旅游法规实务

☆旅游市场营销

　旅游景区管理

☆旅行社管理与实务

☆餐厅服务与管理

☆饭店前厅客房服务与管理

物流系列：

☆货物学

☆物流基础

- -

☆已出书